Brunetto Salvarani · Bart trifft Gott

Brunetto Salvarani

Bart trifft Gott

Das Evangelium der Simpsons

Geleitwort von Gioele Dix
Nachwort von Paolo Naso

Aus dem Italienischen von Agrippina Bellardita

NEUKIRCHENER

Die Originalausgabe erscheint unter dem Titel „Da Bart a Barth. Per una teologia all'altezza dei Simpson".

© **Claudiana srl,** 2008
Via San Pio V, 15 – 10125 Torino

© 2009 Neukirchener Verlag
Neukirchener Verlagsgesellschaft mbH, Neukirchen-Vluyn
www.nvg-medien.de
Lektorat: Dr. Katrin Keita
Umschlaggestaltung: Andreas Sonnhüter, Düsseldorf unter Verwendung eines Bildes
von © iStockphoto.com
Satz: Breklumer Print-Service, Breklum
Druck: Hubert & Co, Göttingen
Printed in Germany
ISBN 978-3-7887-2395-8

Brunetto Salvarani,

so behauptet zumindest er selbst, widmet sich für gewöhnlich eher
ernsteren Themen: er setzt sich für den interreligiösen Dialog ein,
unterrichtet Theologie, ist Herausgeber der Zeitschriften „CEM
Mondialità", „QOL" und „Tempi di Fraternità" und ist Mitglied des
„Osservatorio per l'educazione interculturale del Ministero della
Pubblica Istruzione" (Institut für interkulturelle Erziehung und Bildung des Ministeriums für den Öffentlichen Unterricht).

Von Zeit zu Zeit unternimmt er kurze – unschuldige – Ausflüge,
z. B. in die Welt der Comicfiguren *Dylan Dog* und *Maus*. Sein letztes Werk, das in Zusammenarbeit mit Odo Semellini entstand,
trägt den Titel: *„Di questa cosa che chiami vita. Il mondo di Fran-*
cesco Guccini" (*Über das, was du Leben nennst. Die Welt von Fran-*
cesco Guccini) (Il Margine, 2007).

Inhaltsverzeichnis

Zum Geleit

von GIOELE DIX

Das Buch Genesis erzählt in Kapitel 18 eine Geschichte, die ich als ausschlaggebend erachte für meine kurze Betrachtung, zum einen aus der humoristischen und zum anderen aus der theologischen Perspektive.

Es ist die Erscheinung in Mamre. Gott erscheint Abraham bei der Terebinthe, um ihm und seiner Frau Sara zu verkünden, dass sie bald einen Sohn haben werden. Die beiden Empfänger dieser Botschaft reagieren auf sehr unterschiedliche Weise. Während Abraham sich ganz und gar nicht überrascht zeigt und schweigt – offensichtlich hält er es nicht für klug, die Glaubwürdigkeit eines so namhaften Gesprächspartners in Frage zu stellen –, gelingt es Sara weder, ihren Unglauben zu verbergen, noch ihr Lachen zu unterdrücken. Eine Frau, die wie Sara schon weit über neunzig Jahre alt ist, ist von dem Gedanke an eine Schwangerschaft verständlicherweise belustigt. Gott nimmt ihr dies allerdings sehr übel. So sehr, dass ER, sichtlich verärgert, Abraham für das respektlose Gebaren seiner Frau zur Rechenschaft zieht. Der Mann verharrt im Schweigen, so als hätte er nichts gesehen und nichts gehört, vielleicht aufgrund der Tatsache, dass Sara – wie es geschrieben steht – *in sich hinein*lachte. Erst jetzt bemerkt die Frau, in was für eine missliche Lage sie sich gebracht hat. Sie versucht alles abzustreiten und behauptet frech, sie habe gar nicht gelacht. Genau wie das Schweigen des Mannes ist auch ihr Verhalten typisch italienisch, als ob sie nicht wüsste, dass der Allmächtige alles sieht und auch das Innere des Menschen erforscht. Der HERR stellt daraufhin klar, dass sie sehr wohl gelacht habe. Dass ER gern das letzte Wort hat, ist kein Geheimnis. Aber schließlich lässt ER in seiner unendlichen Güte die Angelegenheit fallen, und die Geschichte nimmt in der angekündigten Geburt Isaaks (hebr., *Sohn des Lachens*) ein glückliches Ende. Dies bedeutet, dass der HERR, der diesen Namen für den

Neugeborenen bereits ausgewählt hatte, die erhabene Kunst, jemanden zum Lachen zu bringen, segnet, weil aus ihr sogar Leben entspringen kann.

Brunetto Salvarani, den ich meinen Freund nennen darf, kennt und befürwortet meine keineswegs despektierliche Theorie über den göttlichen Ursprung der Komik. Er, so feinsinnig in seiner Intellektualität, so unermüdlich in seinen Bemühungen als Mann des Dialogs, so aufmerksam und seinem zivilgesellschaftlichen Engagement stets treu, ist, allem voran, ein kluger Verwalter der Saat des Frohsinns, des Lachens und der Ironie, die im fruchtbaren Boden eines wahren Mannes des Glaubens unentbehrlich ist.

Es ist also nicht verwunderlich, dass er seiner – durchaus verständlichen – Leidenschaft für die *Simpsons* ein Buch widmet. Ein Werk, das man nicht mehr aus der Hand legen möchte und das beim Leser, ebenso wie beim Zuschauer am Ende einer jeden *Simpsons*-Folge, den Wunsch nach einer Fortsetzung weckt.

Es wäre gänzlich überflüssig, mich mit den Hintergründen und der Glaubwürdigkeit des theologisch-erzählenden Ansatzes Brunetto Salvaranis aufzuhalten. Ich würde nur das Risiko eingehen, das, was er bereits durch glückliche Inspiration und sehr ausführlich veranschaulicht hat, viel schlechter wiederzugeben. Ich erlaube mir jedoch, einige Gedanken und Überlegungen, die diese akkurate sowie amüsante Untersuchung in mir hervorgerufen hat, hinzuzufügen. Diese Gedanken werden begleitet von einer tiefen Dankbarkeit, die demjenigen gebührt, der es zustande gebracht hat, die rationalen Beweggründe einer vollkommen instinktiven Vorliebe ans Licht zu bringen. (Es sei an dieser Stelle erwähnt, dass die Reaktion auf das Komische *per definitionem* vor allem eine emotionale, sogar physische, keineswegs aber überlegte Reaktion ist. Im Nachhinein deren tieferen Sinn zu begreifen gleicht einer spannenden Entdeckungsreise, die Gelegenheit zum Nachdenken bietet und gleichzeitig die eine oder andere Überraschung für den Reisenden bereithält.)

Erste Überlegung
Die bittere Bosheit, die ungehemmte Ungerechtigkeit und die bisweilen entwaffnende Grausamkeit der *Simpsons* sind das Ergebnis einer bewussten Entscheidung mit dem ausdrücklichen Ziel, sich

jeder Verantwortung zu entledigen. Es handelt sich deshalb um eine tief ethische Entscheidung. Die Geschichten spielen in einer Art „Freigebiet, in dem Klischees und Wahnsinn, Ängste und Begierden, Revival und Nostalgie wild durcheinandergemischt koexistieren", wie Salvarani selbst es treffend formuliert. Es besteht eine offensichtliche Analogie zu den biblischen Erzählungen, die, ohne Umschweife und Andeutungen, vielmehr mit einfachen und direkten Worten, Männer und Frauen von ihrer schlechtesten (manchmal aber auch von ihrer besten) Seite präsentieren. Und dennoch hat jede dieser Geschichten – wie der treue Bibelleser wohl weiß – eine tiefgründigere Bedeutung, ist nicht Gekritzel, sondern Schrift, die anderswo widerhallt und auf etwas anderes verweist, legitimiert durch eine Quelle, die ihren Ursprung in weitaus höheren Sphären hat.

Dies vorangestellt, *mutatis mutandis* (wobei der „Mutant" kein anderer als der Bier schlürfende, auf dem Sofa thronende Homer sein kann), ist es die grundlegende Haltung der Selbstironie, eines der herausragendsten Merkmale menschlicher Intelligenz, die eine kritische Betrachtungsweise der Welt ermöglicht und die nötige Grundlage schafft, um Integrität oder Armseligkeit gnadenlos aufzudecken. Unter den vielen Metaphern, die in der Serie verwendet werden und diese Theorie stützen, möchte ich die Episode herausgreifen, in der Homer während eines Ausflugs auf einem Schiff mit durchsichtigem Boden in kindlicher Freude jubelnd jeden einzelnen Gegenstand wiedererkennt, den er persönlich in den See hineingeworfen hatte. Einfach köstlich! Und noch dazu wirkungsvoller als tausend ernste Reden über mutwillige Umweltverschmutzung.

Zweite Überlegung

Die jüdischen Wurzeln, die dem Schöpfer der *Simpsons*, Matt Groening, nachgesagt werden, haben bei der Gestaltung und Entwicklung der Serie sicherlich eine wichtige Rolle gespielt. Brunetto Salvarani hebt einige charakteristische Züge dieser Einflüsse hervor. Ich persönlich finde, dass sich darin der vielzitierte Sinn des Lebens, genauer gesagt: der Sinn *dieses* Lebens, widerspiegelt. Ich erkenne darin das fieberhafte und gleichzeitig ernüchterte Festhalten am Diesseits, das das Verhalten der Juden durch die Geschichte hindurch geprägt hat. Wenn sich die Gelegenheit bietet, Erfüllung, Rettung oder sogar das ewige Heil zu erlangen, dann sollen sie, ohne Verzögerung oder Vertröstung auf später, bereits in diesem Leben mit beiden Händen ergriffen werden. In demselben Leben, das uns auch vor Schmerzen, Furcht und Schrecken sowie vor dem einen oder anderen Ärgernis nicht bewahrt. Die Ankunft des Messias trägt eher die Züge einer Herausforderung, die es zwar aufzugreifen und zu pflegen gilt, um sie dann aber – nichts für ungut – an die nachfolgenden Generationen weiterzugeben. Falls unseren Kindern tatsächlich das Schicksal zuteil werden sollte, diesen langersehnten Messias endlich zu erblicken, kann man zu Recht behaupten, dass es sich gelohnt hat, sie in die Welt gesetzt zu haben.

Eine mögliche Episode der *Simpsons*, in der eine unter Juden bekannte Anekdote im Mittelpunkt steht, könnte folgendermaßen aussehen: In seiner Enttäuschung über den Ungehorsam der Menschen macht sich der liebe Gott erneut die Umstände, zu ihnen zu sprechen: Er erscheint hinter einer Wolke und offenbart ihnen, dass er in zwei Tagen eine neue Sintflut über die Erde kommen lassen werde. Daraufhin bricht die ganze Welt in Panik aus. Alle geistlichen Oberhäupter erscheinen, einer nach dem anderen, im Fernsehen und fordern die Gläubigen dazu auf, in einem kollektiven Akt des Glaubens zu beten, zu beichten, umzukehren und Buße zu tun. Schließlich ist auch der Großrabbiner von Jerusalem an der Reihe, seinen Appell an die Menschen zu richten. Er sagt ganz einfach: „Meine lieben jüdischen Brüder, uns bleiben gerade mal achtundvierzig Stunden, um zu lernen, unter Wasser zu leben."

Ich sehe bereits Homer, wie er in seinem Vorgarten einen Bottich mit Wasser füllt und tollpatschig seinen Kopf hineinsteckt.

Mein lieber Uri, schon drei Tage lang beginnen fast alle meine Gedan-
ken mit „Nein". Nein, er wird nicht kommen, wir werden nicht reden,
werden nicht lachen. Nein, er wird nicht mehr da sein, dieser Junge
mit dem ironischen Blick und dem irren Humor ... Wir werden nicht
mehr gemeinsam Die Simpsons *gucken ...*
(David GROSSMAN, aus der Trauerrede für seinen im
Libanon-Krieg gefallenen Sohn Uri, „DIE ZEIT", 24.08.2006)

Lachen bringt uns der Gnade Gottes näher
(Karl BARTH)

Lisa SIMPSON: *„Aber lehrt uns die Bibel nicht:*
‚Verdamme nicht, damit du nicht selbst verdammt wirst', Reverend?"
Reverend LOVEJOY: *„Das muss wohl ganz hinten,*
irgendwo am Schluss, stehen."
(Folge 2F04, *Barts Freundin*)

Ein Vorwort ...
auf der Seite der Engel?

Erstes Puzzleteil: Im Juni 2007 veröffentlichte das britische Wochenblatt *The Sunday Telegraph* einen interessanten Artikel, dem zufolge jugendliche Mitglieder der anglikanischen Kirche in Kürze ein Exemplar des Buches *Mixing it up with the Simpsons* als Geschenk erhalten würden. Das Buch behandelt wesentliche Fragen des christlichen Glaubens auf der Grundlage ausgewählter *Simpsons*-Episoden. Der Theologe und Katechet Owen Smith, Autor dieses mutigen (und gewagten) Werks, stützt sich darin auf die Ergebnisse einer Studie, aus der hervorgeht, dass in den Jahren 2000 bis 2005 die Zahl der Jugendlichen unter 16 Jahren, die sich aktiv an den Aktivitäten seiner Gemeinde beteiligt hatten, um 12 % gesunken war und dass der aktuelle Trend auf einen weiteren Rückgang schließen lasse.

Smith bedient sich in seinem Buch z.B. der sprichwörtlichen Ungeduld des kleinen Barts, der jeder Folge der Fernsehshow seines Idols, des bizarren Clowns Krusty, entgegenfiebert, als Ausgangspunkt, um über die zweite (und endgültige) Ankunft unseres Herrn Jesus Christus zu sprechen, oder der Freundschaft zwischen den Saufkumpanen Homer und Barney, um über den Aufbau mehr oder weniger starker und beständiger Beziehungen zu sprechen, als Gegensatz zu der Oberflächlichkeit, von der ein Großteil der Beziehungen in unserer heutigen Zeit geprägt ist.

Smith beschränkt sich in seinen Ausführungen jedoch nicht bloß auf die Theorie, sondern gibt auch Ratschläge für deren praktische Umsetzung. So schlägt er z.B. vor, jungen Christen einen Teller mit Donuts (Homers Lieblingsspeise) mit der Aufschrift „Nicht berühren" vorzusetzen, um zu testen, wie es angesichts einer solchen Versuchung um ihre Widerstandskraft stehe. Diese einzigartige, aber nicht ungewöhnliche Aktion hat sofort Anklang in höchsten Kreisen gefunden: Der Anglikanische Bischof von Oxford,

John Pritchard, hat z.B. auf die Anlehnung an die so genannte narrative Theologie[1] hingewiesen und erklärt, dass „wir Menschen in erzieherischen Berufen zu Erzählern für eine neue Generation machen werden, wenn wir ihnen Instrumente mit einem direkten Bezug zum Alltag an die Hand geben". Es ist zu erwarten, dass dieser Ansatz in den konservativen Reihen der anglikanischen Kirche wohl keinen großen Zuspruch ernten wird ...

Schon vor einiger Zeit (und hier kommt bereits das zweite Puzzleteil) hatte die höchste geistliche Autorität derselben Kirche, der Erzbischof von Canterbury, Rowan Williams, Experte für Patristik und das zeitgenössische russische Gedankengut sowie Autor eines der faszinierendsten Bücher über die Darstellung der Auferstehung in den Evangelien,[2] der Familie Simpson in Großbritannien seinen kirchenamtlichen Segen gegeben, indem er seine – völlig verständliche – Begeisterung für die gelbe Familie öffentlich eingestand und sogar behauptete, sie stehe „auf der Seite der Engel".

Zudem wird berichtet, der mit einer Theologieprofessorin verheiratete Owen Smith rate seinen Kindern davon ab, den erbaulichen Erlebnissen von Mickey Mouse und seinen Disneykollegen zu folgen. Er ermuntere sie stattdessen dazu, die vorlaute und respektlose gelbe Familienbande vorzuziehen, die er mit logischem, typisch britischem und scheinbar widersprüchlichem Humor sogar als „Verfechter der Tugend" bezeichnete (wörtlich: „one of the most subtle pieces of propaganda around in the cause of sense, humility and virtue"). Aber damit nicht genug. Im Jahr 2004 ergab eine Umfrage, die von der *Mother's Union* – einer Organisation, die ihre Wurzeln in der anglikanischen Kirche hat – in England durchgeführt wurde, dass die Untertanen Ihrer Majestät Marge Simpson für die ideale Mutter halten, und zwar unter anderem aufgrund ihrer Fähigkeit, in allen Lebenssituationen Rat zu wissen. Die weise Marge platzierte sich vor vielen anderen Frauen an erster Stelle. Zu der Konkurrenz „in Fleisch und Blut" zählten unter anderem die damalige britische First Lady Cherie Blair (sie wurde Zweite) sowie das Ex-*Spice Girl* Victoria Beckham (Dritte) und das frühere Topmodel Liz Hurley, in der Klatschpresse als Freundin von Hugh Grant bekannt, die sogar das Schlusslicht dieser Rangliste bildete, was beweist, dass ein ansehnliches Äußeres zumindest in diesem Fall nicht ausschlaggebend war.

Erzbischof Williams zeigte sich über das Ergebnis dieser Umfrage sehr erfreut und betonte erneut, wie gern er sich die Simpsons anschaue. Offensichtlich beruht diese Wertschätzung auf Gegenseitigkeit, da die Autoren der Serie – stets offen für den Lockruf des Marketing – es nicht versäumt haben, dem Primas einen Gastauftritt in der Serie anzubieten und sich selbst in einer Spezialfolge zu sprechen, die gewiss „*auf der Seite der Engel*" steht.

Zum Schluss nun das dritte Teil des Puzzles.

Vor einigen Monaten hat Monsignore Donald Murray, Bischof der Diözese Limerick im Südwesten Irlands, seinerseits die Simpsons öffentlich in höchsten Tönen gelobt. Er sagte, es handle sich bei den Simpsons um eine der wenigen TV-Familien, deren Mitglieder sonntags in die Kirche gingen (und das stimmt tatsächlich). Während einer Tagung zum Thema „Religion und weltliches Leben im heutigen Irland" erklärte er, dass auch in irischen TV-Produktionen Religion niemals ein Thema sei, weder in Fernsehfilmen noch in so genannten Soap Operas. Seitdem der irische Fernsehsender RTÉ vor einigen Jahren die berühmte Seifenoper *Glenroe* aus dem Programm genommen hat, gebe es keine Fernsehfamilie mehr, die die Hl. Messe besucht (eigentlich handelt es sich, genauer gesagt, um das Heilige Abendmahl oder, noch einfacher ausgedrückt, um eine *Verehrung,* aber lassen wir diese Haarspalterei). Msgr. Murray sagte weiterhin, es bringe die Menschen in Verlegenheit, offen über Religion oder Spiritualität zu sprechen und der Glaube finde in der Öffentlichkeit nur in Zusammenhang mit Streitigkeiten oder Skandalen Platz. „Unsere Gesellschaft hat sich erheblich gewandelt. Während der Glaube und die öffentliche Bekundung des Glaubens früher zum Alltag gehörten, reagieren viele Menschen heutzutage peinlich berührt (und ich wähle hier bewusst keinen stärkeren Ausdruck), wann immer sie mit einer öffentlichen Bekundung des Glaubens konfrontiert werden", erklärte der Bischof schließlich.

Die Frage lautet nun: Haben wir es hier nur mit drei Teilen eines interessanten, aber vollkommen willkürlich zusammengefügten Puzzles zu tun, mit einem eklatanten Beispiel für die Unbehaglichkeit der Menschen in Bezug auf religiöse Ausdrucksformen, oder verbirgt sich etwas viel Spannenderes dahinter?

Bevor wir uns auf die Suche nach einer Antwort machen, führen wir uns noch einmal die Tatsachen vor Augen: Es ist kaum zu bestreiten, dass in dieser „flachen Welt", die mit hochentwickelter Technologie überladen und von purer Unsicherheit durchdrungen ist, die *Simpsons* ein geeignetes, wertbeständiges Gut darstellen, mit dem man sich identifizieren kann und das – losgelöst von jeder Klassenzugehörigkeit – für jedermann leicht zugänglich ist.

Mit den Simpsons wurde eine einzigartige Zeichentrickserie geschaffen, die Zuschauer auf der ganzen Welt begeistert und vereint: Jugendliche und Erwachsene, Intellektuelle und Proleten, Apokalyptiker und Integrierte.

Zutiefst amerikanisch und doch allgemeingültig, globalisierungstauglich und universell übertragbar, das ist der Grundstoff, aus dem diese Serie gemacht ist: eine durchschnittliche Arbeiterfamilie aus einer durchschnittlichen Kleinstadt. Sie streiten sich, sie sind laut, aber vor allem: sie sind *normal*. Und, wenn man es recht bedenkt, ist das nicht gerade wenig ... Eine Familie, die, wie man so schön sagt, die Herzen der Zuschauer erobert hat, sogar so weit, dass sie oft als Spiegel dessen dient, was in *unseren* Familien vom Dialog übrig geblieben ist, angefangen beim Vater, der seinem Lausebengel mit einem „Du mieser kleiner ...!" droht, während die Mutter – die dem Vater in nichts nachstehen möchte – noch ein weiteres Schimpfwort draufsetzt. Eine der größten italienischen Tageszeitungen, *Il Corriere della Sera*, kommentierte eine Aussage des beleibten Olindo Romano während des Prozesses über das Blutbad in Erba (Norditalien) sogar folgendermaßen: „... in jenem Augenblick glich er einer grotesken Figur, die der Feder Rabelais' oder einer Episode der Simpsons hätte entsprungen sein können."[3]

Es verwundert also nicht, dass sich die Regale der Buchhandlungen, auch die der einheimischen, mit Büchern füllen, die Seite um Seite die Abenteuer der *Simpsons* rühmen. Auf mehrere dieser Werke wird für den Leser, der sich ausführlicher mit den Themen, die hier nur kurz angesprochen werden, auseinandersetzen möchte, in den Fußnoten verwiesen. Ziel des vorliegenden Büchleins ist es, das keineswegs banale Verhältnis zwischen den *Simpsons* und der Religion (und den Religionen) zu betrachten, ohne damit großes Aufsehen erregen zu wollen und ohne einen Anspruch auf Vollständigkeit zu erheben. Es ist nicht mein Ziel (das möchte ich von vornherein in aller Deutlichkeit sagen), sie zu verherrlichen, zu idealisieren oder gar heiligzusprechen. Gleichzeitig soll aber auch nicht behauptet werden, dass die „religiöse Brille" die einzige sei, durch die diese Serie zu betrachten sei. Die Tatsache, dass man sie trotzdem von Zeit zu Zeit aufsetzt, dürfe jedoch nicht verwundern, sagte sogar Matt Groening (der Erfinder der Serie) in einem Interview: „Es werden immer wieder Stimmen aus der konservativen Ecke laut, die darüber klagen, dass im Fernsehen nicht genug über Gott gesprochen werde. Die *Simpsons* gehen nicht nur sonntags in die Kirche, sondern sie reden sogar ab und zu mit Gott." Natürlich ohne zu übertreiben ... sonst würde man womöglich noch Gefahr laufen, sich den berechtigten Tadel eines großen deutschen protestantischen Theologen des 20. Jahrhunderts, Dietrich Bonhoeffer, zuzuziehen, der aus gutem Grund solchen Menschen, die den Namen Gottes zwar stets im Munde führen, ihn dann aber in ihren alltäglichen Entscheidungen außen vor lassen, misstrauisch gegenüberstand und sich in Anwesenheit nicht-religiöser Menschen wohler fühlte.[4]

So kommen wir nun durch das einfache Hinzufügen eines Konsonanten, der zudem manchmal stumm ist, von einem Meister des Schabernacks und der Verspottung seiner Mitmenschen – dem liebenswürdigen kleinen Racker Bart Simpson, einer Kultfigur der heutigen Populärkultur (was auch immer diese Definition bedeuten mag) – zu Karl Barth, einem Meister der modernen Theologie. Der calvinistische Theologe Karl Barth, 1886 in Basel geboren und 1968 verstorben, hat eine Reihe von biblischen Kommentaren verfasst, unter anderem einen Kommentar zum Brief an die Römische Gemeinde von Paulus, der später die Darstellung Gottes im *kurzen 20. Jahrhundert* erheblich beeinflussen sollte.[5] Als Barth erfuhr, dass Johannes XXIII. ihn öffentlich als einen der bedeutendsten Theologen des 20. Jahrhunderts bezeichnet hatte, gab er zurück: „Wenn das so ist, sollte ich meine Einstellung zur Unfehlbarkeit des Papstes vielleicht noch einmal überdenken ..."

Von Bart zu Barth: bloß ein einfaches Wortspiel? Dieser beunruhigenden Frage möchte dieses Buch nachgehen, und zwar mit derselben Unbeschwertheit, die Italo Calvino an der Schwelle zum neuen Jahrtausend als Gegenmittel zur weitverbreiteten Zukunftsangst nahelegt und als Instrument ansieht, um unsere Existenz weniger stumpf und schwermütig zu gestalten.[6] Gleichzeitig handelt dieses Buch auch von uns und davon, wie schwer es uns machmal fällt, andere zu verstehen – oder sogar uns selbst. Es handelt von unseren Ängsten, unserer Hoffnung und davon, welchen Platz derjenige, den wir auch heute noch Gott nennen, in unserer Zeit (immer noch?) einnimmt.

1
Ein Heilmittel gegen den Fanatismus?

Aber wie sah die Welt v. d. S. (vor den *Simpsons*) aus? Ich meine natürlich, ehe der postmoderne Demiurg Matt Groening sie von Neuem in Springfield, USA, erschuf?

Bevor wir in die chaotische, aber einladende Welt von Homer und den übrigen Bewohnern von Springfield eintauchen, möchte ich kurz darlegen, warum ich mich der Zeichentrickfilme und Comics bediene, um über ganz andere Dinge zu sprechen. Ich könnte schlicht sagen, dass das Leben aus Leidenschaften besteht und dass die *Simpsons* meine große Leidenschaft sind. Oder – und damit würde ich noch billiger davonkommen – ich könnte daran erinnern, dass ich dies in der Vergangenheit bereits getan habe, und zwar mit einem sehr erfreulichen Ergebnis (zumindest für mich, da ich mich köstlich dabei amüsiert habe, mit einer gewissen *Nonchalance* vom didaktischen Nutzen von Dylan Dog zu Tex Willer[7] überzugehen). Aber nein, ich habe stattdessen beschlossen, mich schützend hinter die Worte meiner brillanten Vorgänger zu stellen und auf die *absolute Notwendigkeit* des Humors in unserem Leben zu verweisen. Fast so, wie Bart es tun würde, um dem ständigen „Du mieser kleiner ...!" seines Vaters zu entkommen...

Ein wunderschönes jüdisches Sprichwort lautet: „Der Mensch denkt, Gott lacht" (und ich glaube, dass ER Recht hat!). Der Leiter des „Center for the Study of Popular Television" der Syracuse University, Robert Thompson, sagte in einem Interview über die Simpsons, die Serie sei mit keiner anderen Fernsehshow, dafür aber mit dem Besten, was der amerikanische Humor zu bieten habe, vergleichbar. Und er fügte hinzu: „In der Geschichte der besten amerikanischen Satiriker können die Simpsons ohne Weiteres ihren rechtmäßigen Platz neben Will Rogers und Mark Twain einnehmen".[8] „Ich habe durch *Martin Mystère* mehr über das Judentum erfahren als durch den Briefwechsel zwischen Scholem und Benjamin ..." Denjenigen, die auch nur im entferntesten mit den raffinierten und exklusiven Schauplätzen der Abenteuer von Martin Mystère, der vor über fünfundzwanzig Jahren aus der Phantasie und der Intelligenz Alfredo Castellis hervorgegangen ist, vertraut sind, wird diese Aussage des Schriftstellers Alessandro Baricco nicht bloß als geistreicher Witz vorkommen.

Die Tage scheinen nun endgültig vorbei zu sein, in denen ein Großteil der Anhänger der so genannten *hohen* Kultur einem Medium ein instiktives Misstrauen entgegenbrachte, welches, obwohl es bereits über hundert Jahre alt ist, noch bis vor Kurzem als *minderwertig* und sogar als eine *Gefahr für die Jugend* betrachtet wurde. (Dies trifft übrigens nicht nur auf den Comic, sondern auch auf seinen nächsten Verwandten, den Zeichentrickfilm, zu.) Die Angriffe der Verleumder gegen die *neunte Kunst* gingen sogar so weit, dass sich der scharfsinnige Denker und Intellektuelle Dino Buzzati gezwungen sah, sich mit folgenden Worten gegen sie zu wehren: „Liebe Kollegen, liebe Freunde, man lacht über mich, sobald man erfährt, dass ich regelmäßig Donald Duck lese, als sei ich bereits nicht mehr ganz richtig im Kopf. Sollen sie ruhig lachen! Ich persönlich bin jedoch davon überzeugt, dass es sich beim Comic um eine der größten erzählerischen Erfindungen unserer Zeit handelt."[9]

Dass Comics und Zeichentrickfilme nun endgültig Teil dieses bunten Cocktails sind, den wir unsere postmoderne Gesellschaft nennen, ist nunmehr unbestritten und wurde – auf unserer Seite der Erdkugel – durch einen berühmten Essay von Umberto Eco in seinem *Apokalyptiker und Integrierte*[10] sowie durch ein mehr als akzeptables Urteil seitens der Kritiker feierlich besiegelt.

Es wird also (fast) niemanden wundern, dass der Versuch unternommen wird, eine Verbindung herzustellen zwischen den Religionen (unbedingt im Plural, um diesem Mosaik der Glaubensrichtungen, in das wir eingebettet sind, ob es uns gefällt oder nicht, Rechnung zu tragen) und den Erlebnissen der Familie Simpson – seien sie nun fürs Papier oder das Fernsehen gedacht.[11]

Es gibt wirklich kaum ein Thema, das noch nicht behandelt wurde. Mit einer Leichtigkeit à la Calvin (womit wir wieder beim Thema wären) und doch niemals auf banale Art und Weise werden die grundlegenden Fragen unserer Existenz aufgegriffen: die Suche nach der eigenen Identität und nach sozialer Integration, Neurosen und Frust, Poesie und Musik und das Geheimnis der Anwesenheit bzw. Abwesenheit Gottes in der Welt.

Zum letzten Punkt hat sich Homer in mehreren Episoden auf sehr provokante Art und Weise geäußert. Zum Beispiel gibt er seinem Sohn Bart, der sichtlich beeindruckt behauptet: „Wow cool, Gott ist ja richtig trotzig!", folgendes zur Antwort: „Ja, er ist meine absolute Lieblings-Science-Fiction-Figur!" In einer anderen Folge sträubt sich Homer wieder einmal, mit Marge und den Kindern in die Kirche zu gehen:

Marge: „Homer, der HERR bittet dich nur um eine einzige Stunde in der Woche!"

Homer: „Warum hat er dann die Woche nicht einfach eine Stunde länger gemacht? Dieser blöde Gott!"[12] [In der italienischen Fassung sagt Homer statt „Dieser blöde Gott": „Aber Gott ist geduldig und verständnisvoll." A. d. Ü.]

Und in diesem Sinne möchte ich mit dem vorliegenden Büchlein sagen, dass das Anschauen der Simpsons meiner Meinung nach ein ausgezeichnetes Gegenmittel zum Fanatismus darstellen könnte, insbesondere zum religiösen Fanatismus (und Gott weiß, wie sehr wir ein solches Mittel heutzutage brauchen!). Der israelische Schriftsteller Amos Oz, der einige der bewegendsten Romane und Erzählungen der letzten Jahre verfasst hat, beschreibt ebendiese Thematik in seinem Buch *Wie man Fanatiker kuriert*[13] besonders treffend. Geistreich und scharfsinnig argumentiert er für den Humor als wirksames Heilmittel: „Ich habe niemals in meinem Leben einen Fanatiker mit Sinn für Humor gesehen, noch habe ich jemals gesehen, dass ein humorvoller Mensch zum Fanatiker geworden wäre, außer der- oder diejenige hätten seinen Sinn für Humor verloren."[14] Oz greift einen Vers des ebenfalls israelischen Dichters Yehuda Amichai auf, um zu zeigen, dass Humor auch die Fähigkeit voraussetzt, über sich selbst zu lachen: „An dem Ort, an dem wir Recht haben, werden niemals Blumen wachsen ..." Dem italienischen Leser wird dies sofort eine Zeile aus einem Lied des damals noch sehr jungen Fabrizio De André ins Gedächtnis rufen: „Dai diamanti non nasce niente / dal letame crescono i fior" („Auf Diamanten wächst nichts / auf Mist wachsen Blumen" aus dem Lied *Via del Campo* [*Feldweg*]).

Über sich lachen zu können bedeutet auch, sich selbst „von außen" zu betrachten, aus der Perspektive unseres Nächsten, und zu erkennen, dass, gleich wie rechtschaffen man ist und welch himmelschreiende Ungerechtigkeit einem wieder einmal widerfahren ist, in jedem kleinen Problem des Alltags doch auch etwas Lustiges steckt. Und je verbissener man auf sein Recht pocht, desto lächerlicher wirkt man.

Ein hervorragendes Beispiel hierfür ist der Nachbar der Simpsons, Ned Flanders, die Verkörperung des christlichen Integralismus, der heute so sehr in Mode ist. Seine Auftritte sorgen aufgrund seiner übertriebenen Frömmigkeit stets für einen Lacher, insbesondere, wenn sie der grundsätzlichen, wenn auch oft genug klischeehaften sowie instinktiven und plumpen Toleranz unserer Helden gegenübergestellt wird. Eine Toleranz, die dem Bewusstsein über die eigene Endlichkeit entspringt und dem Blick ins Innere, durch den man die eigenen (und unser aller) Grenzen entdeckt. Grenzen, die auch uns helfen können, die Welt mit anderen Augen zu sehen und uns selbst niemals zu ernst zu nehmen – Gott segne sie dafür!

2
Zwanzig Jahre gelben Vergnügens

Fünfzehn Minuten Ruhm – um es mit den prophetisch anmutenden Worten Andy Warhols auszudrücken, die sich traurigerweise bewahrheitet haben – bleiben niemandem verwehrt. Das wäre ja noch schöner! Denn es reicht heutzutage schon, sich für eine bestimmte Zeit in einen künstlichen, aber mit jedem Komfort ausgestatteten Container zusammen mit einem traurigen Haufen bedauernswerter Spielgefährten einschließen und sich rund um die Uhr beobachten zu lassen, um ihn dann, nach einigen Wochen völligen Schwachsinns, mit der unumstößlichen Gewissheit wieder zu verlassen, groß rausgekommen zu sein. Man muss nur irgendein besonderes Merkmal vorweisen können, vielleicht eine tolle Figur oder einen Sprachfehler, und man hat es eigentlich schon geschafft. Warhol lehrt uns: Die Viertelstunde ist einem sicher, ebenso wie mehrere Auftritte in fragwürdigen Talkshows, eine Hauptrolle in einer mehr oder weniger erfundenen Liebesgeschichte, die von den Medien dafür aber umso stärker aufgeblasen wird, und, wenn man ganz großes Glück hat, Werbeverträge in Hülle und Fülle. Nun will es das Gesetz der Stars und Sternchen (Gott sei Dank!) aber so, dass man nach Ablauf dieser fünfzehn Minuten endlich wieder in die Anonymität zurückkehrt, aus der man hervorgekrochen war. Im Nu ist man wieder in Vergessenheit geraten in einer Zeit, in der die Helden unserer Gesellschaft Glanz und Glorie so gnadenlos schnell wieder verlieren, wie sie ihnen zuteil geworden waren. Das gilt für Hollywood genauso wie für die Musikbranche, das Fernsehen usw.

Ein Hauch von Magie, Glück und Weisheit umgibt hingegen ein Phänomen, das auch nach über zwanzig Jahren nichts von seinem Erfolg und seiner Beliebtheit eingebüßt hat. Steckt vielleicht ein Pakt mit dem Teufel oder mit seinem traditionellen Gegenspieler hinter der Beständigkeit, mit der die Simpsons jeden Abend eine willkommene Abwechslung in unsere Wohnzimmer bringen, gleichzeitig aber auch ein Gefühl der Beklemmung hinterlassen, wenn man sie zu ernst nimmt? In jedem Fall aber geben sie wertvolle Denkanstöße über wichtige Fragen des Lebens, sodass der gebildete und feinsinnige Kritiker Beniamino Placido zugeben musste, dass die „seltsamen gelben Zeichentrickfiguren wahrscheinlich der einzige Grund dafür sind, warum das Fernsehen heute noch einen Wert hat ..."[15]

Dass sich die Simpsons in den Vereinigten Staaten großer Beliebtheit und Bekanntheit erfreuen, zeigt das Ergebnis einer Umfrage, der zufolge nur einer von tausend Befragten die fünf Freiheiten benennen konnte, die im ersten Verfassungszusatz verankert sind, während jeder Fünfte die Namen der Mitglieder der wohl chaotischsten Familie Amerikas im Schlaf aufsagen konnte!

In den USA wurden die *Simpsons* erstmals am 19. April 1987 als Kurzfilm in der *Tracey Ullman Show* ausgestrahlt. („Die *Simpsons* waren zunächst als eine Art Experiment gedacht; als ein *Undergroundprodukt* innerhalb einer traditionellen Sendung, das gegenkulturelle Botschaften durch eine Serie vermitteln sollte, die niemand wirklich ernst nehmen würde", sagte der Erfinder der Serie). Den Anfang machte die nur wenige Sekunden dauernde Kurzfolge „Good Night", auf die bis 1989 in insgesamt drei Short-Staffeln weitere 47 Kurzepisoden folgten. Diese wurden in Italien [und Deutschland, A. d. Ü.] zwar nie ausgestrahlt, doch ich möchte trotzdem zumindest auf eine Kurzfolge zu sprechen kommen, die in den USA am 14. Februar 1988 ausgestrahlt wurde und mir aufgrund ihres Titels („Die Heiden") und der Thematik als besonders erwähnenswert erscheint. In dieser Episode eröffnen die Simpsons-Kinder – Bart, Lisa und Maggie – auf dem Weg zur Kirche ihren Eltern, dass sie der Religion den Rücken kehren und von nun an als Heiden leben möchten. Marge und Homer, die ihr Leben lang Christen gewesen sind, reagieren darauf verständlicherweise äußerst verärgert.

Der endgültige Durchbruch gelang der Serie zu einer Zeit, in der U2 in Italien mit dem Album *The Joshua Tree* große Erfolge feierte und der SSC Neapel mit Maradona zum ersten Mal kurz davor stand, italienischer Meister zu werden. Es war das Jahr der *Cobas* [gewerkschaftliche Basiskomitees, A. d. Ü.], der Eisenbahnerstreiks und der Volksabstimmung über die Nutzung von Atomenergie, mit dem Ergebnis, dass die Italiener nach der Katastrophe in Tschernobyl mit einer überwältigenden Mehrheit für die Schließung aller Atomkraftwerke stimmten. Eine Zeit, in der Margaret Thatcher ihre dritte Amtsperiode antrat, zweieinhalb Jahre vor dem Fall der Berliner Mauer. Was ich damit sagen möchte, ist, dass es schon eine Ewigkeit her ist ... Im Jahr 1989–90 wurde die erste Staffel der *Simpsons* als eigenständige Serie ausgestrahlt und war mit durchschnittlich 13 Millionen Zuschauern von Anfang an ein großer Erfolg (im Mai 2007 wurde die 400. Episode ausgestrahlt).

Seitdem stiegen die Einschaltquoten der ersten amerikanischen Zeichentrickserie, die seit den *Flintstones* bzw. *Familie Feuerstein* (von Hanna & Barbera) zur Hauptsendezeit ausgestrahlt wurde,[16] stetig an (der Rückgang, der in der letzten verfügbaren Staffel verzeichnet wurde [Staffel 18, 2006–07], bei der durchschnittlich 9 Millionen Zuschauer einschalteten, scheint vor allem somatischer Natur zu sein und ist nicht etwa als Hinweis darauf zu verstehen, dass es langsam, aber sicher an der Zeit ist, von den *Simpsons* Abschied zu nehmen). Die Serie wird in über 70 Ländern ausgestrahlt und es gibt tausende Internetseiten, die ihr gewidmet sind.

Die Tatsache, dass die Produktion einer einzigen Episode manchmal bis zu sechs Monate in Anspruch nehmen kann, zeigt, mit wie viel Liebe zum Detail die zahlreichen Mitarbeiter des Teams arbeiten.

Das namhafte amerikanische Nachrichtenmagazin *Time* hat im Jahr 2000 ein Mitglied der Simpson-Familie, den kleinen Bart, in die Liste der hundert Persönlichkeiten aufgenommen, die das 20. Jahrhundert charakterisieren. Und als Beweis des allgemeinen Einflusses der Serie auf unsere Gesellschaft hat das *Oxford English Dictionary* Homers typischen Ausruf „D'oh!" (wenn er verärgert ist) unter seinen Stichworten aufgenommen. Schließlich haben die Briten im Jahr 2003 in einer von der BBC durchgeführten Umfrage Homer Simpson nach einem harten Kopf-an-Kopf-Rennen mit niemand Geringerem als dem legendären Präsidenten Abraham Lincoln zum größten Amerikaner aller Zeiten gekürt. In der Liste der *Top hundred living geniuses* (der hundert größten Genies der Gegenwart), die von einem auserlesenen Gremium von Experten für Kreativität und Innovation aufgestellt und Ende Oktober 2007 in der britischen Zeitung *Telegraph* veröffentlicht wurde, finden wir

Matt Groening an vierter Stelle, noch weit vor dem Physiker Stephen Hawking, dem Musiker Brian Eno, dem Architekten Oscar Niemeyer und dem Regisseur Steven Spielberg, nur um einige Beispiele zu nennen.

Von den Übertreibungen einmal abgesehen, die in solchen Fällen nie ganz zu vermeiden sind, wurde über die *Simpsons* wirklich schon alles gesagt und geschrieben ... oder zumindest fast! Davon ausgehend, dass diese Lücke in der Zwischenzeit noch nicht geschlossen worden ist, soll das Augenmerk auf einen ganz bestimmten Aspekt im Leben der *Simpsons* gerichtet werden. Dies geschieht aus der Überzeugung heraus, dass es sich bei diesem Aspekt nicht um einen nebensächlichen, sondern um einen zentralen Bestandteil ihrer virtuellen Existenz handelt (die Richtigkeit dieser Überzeugung gilt es – das muss ich zugeben – allerdings noch zu beweisen): Es ist ihre Beziehung zum Göttlichen. Oder, besser gesagt, ihre lebhafte Beziehung zu Gott (oder wer auch immer gerade seinen Platz einnimmt).[17]

3
Wo wären wir heute bloß ohne unsere gelben Freunde?

„Ich bete normalerweise nie, aber wenn es dich wirklich da oben gibt, bitte rette mich ... Superman!" Der überraschte Zuschauer wird durch die unerwartete Wendung in Homers Gebet auf zwei wichtige Dinge aufmerksam gemacht:

Erstens, dass der Mikrokosmos des Heiligen im Universum der bekanntesten Zeichentrick-Saga der Welt eine sehr bedeutende Rolle spielt (die *Simpsons* haben 23 Emmy Awards gewonnen und wurden 1998 vom *Time Magazine* zur „besten TV-Serie des 21. Jahrhunderts" gewählt – und damit schließe ich die Aufzählung der Preise und Auszeichnungen, die die Serie erhalten hat, ab): Dies spiegelt auch die Situation in den Vereinigten Staaten von Amerika wider, dem einzigen Teil in der westlichen Welt, in dem die Religionen, zumindest statistisch betrachtet, sehr weite Verbreitung finden und einen stetigen Zuwachs verzeichnen.

Und zweitens, dass der Grund für den Erfolg der Serie einerseits im Erfassen des Kerns dessen liegt, was wir heute gerne *Postmoderne* nennen, und andererseits in dessen meisterhafter sprachlicher und künstlerischer Umsetzung für die Zuschauer: Es ist die freie, aber weise Kunst des Zitats, der Verweise, der wiederholten Anspielungen auf sprachliche Normen, aktuelle Ereignisse und Themen, auf bekannte oder weltweit berühmte Kunstwerke. Bezüge auf Klassiker wie *2001: Odyssee im Weltraum*, *Citizen Kane* oder (fast) jedes Werk von Shakespeare sind genauso vorhanden wie Elemente aus der Populärkultur, von Paul McCartney, U2 und Green Day über chinesisches Essen bis hin zur Werbung und zu Comic-Helden (siehe oben).[18]

In diesem Freiraum koexistieren wild durcheinandergemischt Klischees und Wahnsinn, Ängste und Begierden, Revival und Nostalgie, apokalyptische Visionen und mögliche Zukunftsszenarien. Sie werden dem Zuschauer unverblümt auf den Bildschirm geschmettert, ohne jeglichen Anspruch auf *political correctness*. Parodie und Ironie, aus denen in der Serie mit vollen Händen geschöpft wird, sind ja schließlich die Hauptmerkmale der Postmoderne.

Seien wir einmal ganz ehrlich, es ist ja sinnlos, das Offensichtliche verbergen zu wollen: Wie würde unser Leben ohne die Familie Simpson aussehen? Ich persönlich würde sogar unter Eid aussagen, dass viele meiner Freunde und natürlich auch ich selbst viel trauriger, nerviger und – ich gebe es zu – auch etwas träger wären, hätte der vielseitige Comiczeichner Matt Groening, ein *Yankee,* im oben genannten Jahr des Heils (1987) die amerikanische Fernsehwelt nicht mit seiner gelben Schar im Sturm erobert.

Aber wer genau ist ihr Erfinder? Der glückliche sowie talentierte *Simpsonmaker,* auch bekannt als Matthew Abram Groening, genannt Matt, wurde am 15. Februar 1954 in Beaverton, Oregon, geboren und ist nach seinem Collegeabschluss zunächst nach Los Angeles und später nach Portland – wieder zurück in den Bundesstaat Oregon – gezogen. Heute lebt er in San Francisco, Kalifornien. 1977 hat er sein Studium am Evergreen College in Olympia, Washington, abgeschlossen. Mehr als durch gute Noten zeichnete sich seine ziemlich lebhafte Schullaufbahn zum einen durch seine zahlreichen Artikel für die Schülerzeitung aus (ein Klassiker) und zum anderen durch einen amüsanten Vorfall während seiner Zeit an der High School: Sehr bald nach seiner Wahl zum Schülersprecher wurde er seines Amtes wieder enthoben, nachdem er versucht hatte, eine Änderung der Schulordnung durchzusetzen, die ihm einen Anspruch auf sein Amt auf Lebenszeit sowie uneingeschränkte Macht eingeräumt hätte ...

Vor seinem Durchbruch arbeitete er zunächst in einer Abwasseraufbereitungsanlage und später als Chauffeur für einen Regisseur in bereits vorgerücktem Alter, für den er sogar als *Ghostwriter* seine Memoiren geschrieben haben soll.

Sein Debüt feierte Groening mit dem sozialkritischen Comic-Strip *Life in Hell,* der erstmals 1978 im „Wet Magazine" und später auch im „Los Angeles Reader" veröffentlicht wurde. In den 1980er Jahren wurden die Comic-Strips in einer aus mehreren Bänden bestehenden Sammlung zusammengefasst. In *Life in Hell* begleitet der Leser die gestressten und neurotischen „Helden des Großstadtdschungels" (natürlich L. A.) und erhält jeweils kurze Einblicke in die verschiedenen Bereiche ihres Lebens: von der Liebe über die Arbeit bis hin zur Schule und allgemein allen Aspekten zwischenmenschlichen Zusammenlebens. *Life in Hell* erlangte in der US-amerikanischen *Underground*-Szene sehr bald Kultstatus und wird heute weltweit in über 250 Tageszeitungen und Zeitschriften veröffentlicht.[19]

Matt Groening stammt aus einer Künstlerfamilie. Sein Vater war ebenfalls Cartoonist und hat die Entscheidung seines Sohnes, den gleichen Karrierepfad einzuschlagen, stets unterstützt, anders als vielleicht die meisten Väter, die ihren Sprößlingen eher davon abgeraten hätten.

Da sich Matt Groening dem Fernsehen widmen wollte, wandte er sich an den TV-Sender FOX mit dem Ziel, die Charaktere aus *Life in Hell* für das Fernsehen aufzubereiten. Dann soll er es sich aber plötzlich anders überlegt haben und zeichnete, sozusagen aus dem Stegreif, innerhalb von 15 Minuten, dank der Hilfe von L. Brooks, dem Produzenten vieler erfolgreicher TV-Shows, mit dem er später viele Jahre zusammenarbeitete, eine erste Skizze der *Simpsons*. Den Mitgliedern dieser Familie gab er die Namen seiner realen Eltern und Geschwister. Allein seinen eigenen Namen wollte er nicht verwenden, da es ihm als banal und unangebracht erschien, und somit bildet der Name Bart – übrigens ein Anagramm für *brat* (was so viel bedeutet wie „Balg" oder „Frechdachs") – die einzige Ausnahme. Groening soll sich bewusst für die Farbe Gelb entschieden haben (die bereits zum Markenzeichen der Serie geworden ist), weil sie nicht nur die Farbe der Melancholie ist, sondern auch auf eine Krankheit verweist: die Gelbsucht. Zumindest zu Beginn beabsichtigte er mit der Serie nämlich, die kranken und freudlosen Seiten einer Familie und sogar einer ganzen Stadt zu enthüllen, die sich aufgrund sozialer Missstände und der Probleme der heutigen Gesellschaft herausgebildet haben.

Nachdem die Simpsons, wie bereits erwähnt, einige Jahre als Pausenfüller in der *Tracey Ullman Show* gedient hatten, wurde aus ihnen am 17. Dezember 1989 schließlich eine eigene Serie gemacht. Das etwa dreißigminütige Weihnachtsspecial lief unter dem Titel *Roasting on an Open Fire* (dt. Titel: *Es weihnachtet schwer*, Produktionscode 7G08). FOX setzte so großes Vertrauen in die Serie, dass die *Simpsons* ab dem 14. Januar 1990 jeden Sonntag zur Hauptsendezeit ausgestrahlt wurden, was damals für eine Zeichentrickserie sehr ungewöhnlich war.

Der gute Matt, dem es an Selbstironie nicht fehlt, hat sich den Spaß nicht nehmen lassen, selbst in einigen Episoden als Mitglied der großen Springfield-Familie aufzutreten. In *Die 138. Episode, eine Sondervorstellung* erscheint er allerdings in einer etwas sonderbaren Version als alter, kahlköpfiger und gewalttätiger Mann mit Augenklappe und einem 6-Schuss-Revolver in der Hand! Die Projektion eines heimlichen Traums ... oder Alptraums?

Vor einiger Zeit äußerte sich Matt Groening eher ironisch und mit einem Augenzwinkern über seine Karriere als Genie des Zeichentrickfilms. Als er zum ersten Mal einen Stift in die Hand nahm und anfing, irgendetwas auf einen Fetzen Papier zu kritzeln (damals gab es tatsächlich noch Papier!), waren es nur kindliche Zeichnungen, die später jedoch zur berühmten Comicserie *Life in Hell* wurden. Wer hätte den Erfolg dieser Zeichnungen voraussagen können? „Was ich mich bisher immer geschämt habe zuzugeben, ist, dass ich als Kind ständig kleine Hasen gezeichnet habe, für die sich aber niemand interessierte. Die Leute sagten: ‚Oh, was für ein niedliches kleines Häschen!‘, aber ich antwortete: ‚Das ist kein kleines Häschen, sondern ein ernstzunehmender Hase!‘ Im Nachhinein muss ich zugeben, dass sie Recht hatten. Es sind wirklich niedliche kleine Häschen.“ Dieser Irrtum bereitet ihm heute sicherlich keine schlaflosen Nächte mehr ... etwas anderes dafür aber vielleicht schon. Wird der Erfinder eines so erfolgreichen Produkts wie *Die Simpsons* nicht von der quälenden Angst umschattet, die hohen Erwartungen des Publikums irgendwann zu enttäuschen?

„Ständig“, sagt er, „jede Minute. Ich kann mich noch sehr gut daran erinnern, wie stressig die erste Zeit war. Ich arbeitete bis tief in die Nacht und konnte dann vor lauter Angst nicht einschlafen. Ich glaube jedoch, dass wir im Laufe der Jahre nicht nur eine erfolgreiche Serie, sondern auch eine Verbindung zum Publikum und eine Art Zusammengehörigkeitsgefühl entwickelt haben. Und das macht mich sehr glücklich.“

Im Jahr 1993 gründete Groening den Verlag *Bongo Comics Group*, der die Welt der *Simpsons* um vier weitere Comic-Serien erweiterte, darunter auch *Radioactive Man*, ein Superheld, der von Bart und seinen Freunden abgöttisch geliebt wird.

Die jüngste Erfindung (1999) von Matt & Co. ist wieder eine Zeichentrick-*Sitcom* und heißt *Futurama*. In Italien wird sie bereits seit ein paar Jahren von dem Fernsehsender *Italia 1* ausgestrahlt [in Deutschland zzt. von ProSieben und Viva, A. d. Ü.]. Die Hauptfigur ist Philip J. Fry, ein New Yorker Pizzabote, der am 31. Dezember 1999 durch ein Versehen in einen kryostatischen Tiefschlaf versetzt wird, aus dem er tausend Jahre später wieder erwacht. Er wird vom interplanetaren Lieferexpress seines Urururgroßneffen, dem 160 Jahre alten Professor Farnsworth, als Lieferjunge angestellt und bringt sich auf seinen Reisen zu entfernten Planeten quer durch die Galaxis immer wieder in Schwierigkeiten. Genau wie *Die Simpsons* zeichnet sich auch *Futurama* durch eine Vielzahl von Zitaten aus. In *Futurama* sind sie allerdings fast ausschließlich dem Bereich der US-amerikanischen Science-Fiction-Literatur und -Filme entnommen.

Ein Vergleich zwischen beiden Serien ist dennoch nicht zu vermeiden und sei mir an dieser Stelle verziehen. Obwohl sich um die Serie *Futurama*, die mit einem Emmy-Award ausgezeichnet wurde, eine beachtliche Fangemeinde schart, kommt sie nicht annähernd an den Erfolg unserer Helden heran und auch ihr Einfluss auf die zeitgenössische Populärkultur ist weitaus geringer. Einen solchen Erfolg zu wiederholen würde sich auch sehr schwierig gestalten. *Die Simpsons* bleibt somit eine der (sehr) wenigen Fernsehserien, bei denen folgender berühmte Spruch von Groucho Marx schon fast engherzig klingt: „Ich finde, Fernsehen bildet. Jedes Mal, wenn jemand den Fernseher einschaltet, gehe ich in ein anderes Zimmer und lese ein gutes Buch."[20]

4
Alles zurück auf Anfang ...

Für diejenigen Leser, die die bis heute über 440 ausgestrahlten Folgen der Serie verpasst haben sollten (schließlich ist niemand perfekt), folgt nun eine kurze Zusammenfassung.

Zunächst ist zu bemerken, dass sich die einzelnen Episoden durch eine beachtliche *continuity*[21] auszeichnen. Im Mittelpunkt der Serie stehen die Simpsons, eine jener durchschnittlichen Familien aus der Mittelschicht, die schon seit Jahren die Kinoleinwände und Fernsehbildschirme der *Wasp* [White Anglo-Saxon Protestant, A. d. Ü.] bevölkern. Mit den üblichen Familien in den Standard-*Sitcoms* hat sie jedoch nichts gemein, scheint sie doch vor allem von einer unfolgsamen, fast ketzerischen Haltung gekennzeichnet zu sein, obwohl sie im Grunde selbst ein Massenprodukt ist. Den Massenphänomenen, dem Fernsehen und hoffnungslos überspitzten Vorurteilen erlegen, schafft sie es dank ihres Lebensstils (der alles andere als *politically correct* ist) dennoch, jedem Mythos und sozialen Klischee zu entkommen, und befreit sich somit aus dem Abgrund der absoluten Mittelmäßigkeit, zu der sonst auch sie verdammt wäre.[22] Die Institution Familie steht immer im Mittelpunkt der Handlung. Auch wenn sie stark parodiert wird, wird sie dennoch als der einzig wahre Bezugspunkt in unserer Gesellschaft anerkannt, der gleichzeitig auch der beständigste ist und an dem ihre einzelnen Mitglieder eisern festhalten.[23]

Darf ich vorstellen, die Mitglieder der Familie Simpson: Der Vater, Homer Jay, 35 Jahre alt, übergewichtig, faul und intellektuell unterbelichtet; ein chaotischer Hitzkopf, der dem Gott des Bieres und der Donuts huldigt und von Beruf (?) Sicherheitsinspektor im Sektor 7G des örtlichen Kernkraftwerks ist. Die Mutter, Marge Bouvier, etwas jünger als er, trägt Schuhgröße 46,5 und auf ihrem Haupt eine blaue Haarpracht. Sie hat zwei Schwestern, die Zwillinge Selma und Patty, ewige Singles sowie starke Kettenraucherinnen. Die drei reizenden Kinder: Bart, 10 Jahre alt, ein unverbesserlicher Lausebengel, stinkfaul in der Schule, Spezialist für Scherzanrufe in Moe's Kneipe und unangefochtener Meister im „Verantwortung-von-sich-Schieben". Sein Motto lautet: „Ich hab nix gemacht!", auch dann, wenn er auf frischer Tat ertappt wird. Lisa, 8 Jahre alt, manchmal etwas altklug, Umweltschützerin, überzeugte Nonkonformistin, Ponyliebhaberin und talentierte Saxophonspielerin. Sie ist der moralische Zeigefinger und die Neinsagerin der Familie. Und schließlich das Baby Maggie. Sie ist 1 Jahr alt, kann noch nicht sprechen[24] und nuckelt ununterbrochen an ihrem Schnuller. Zur Familie gehören außerdem zwei Haustiere: Der Hund Knecht Ruprecht und die Katze Schneeball 2.

Durch die Vernetzung dieser Basiskonstellation mit vielen anderen Charakteren entstehen immer wieder neue Abenteuer und Geschichten, die auf den ersten Blick als absurd und paradox erscheinen, bei genauerem Hinsehen aber oft erschreckend realistisch sind. Es ist eine ständige Gratwanderung zwischen dem Neuen, also dem Produkt der Phantasie, und dem beruhigend wirkenden Bekannten; zwischen inhuman, human und posthuman; zwischen Zugehörigkeitsgefühl und völliger Distanzierung vom *American Way of Life*. Im Grunde zwischen Himmel und Hölle.

Das Geheimnis ihrer allgemeinen Beliebtheit liegt in dem, was Umberto Eco bereits 1963 über das Phänomen des nie alternden Quizmasters Mike Bongiorno in seinem *Diario Minimo* (dt.: *Platon im Striptease-Lokal: Parodien und Travestien*) geschrieben hat: Der gute Mike – und Madame Bovary, für die intellektuell anspruchsvolleren – sowie auch die Simpsons: *c'est moi*.[25]

Homers leichtgläubiges Konsumverhalten, sein naiver Wunsch nach fünfzehn Minuten Ruhm, seine Arbeitsscheu, seine Kapitulation vor einem gefüllten Kühlschrank oder der Flimmerkiste (man könnte diese Liste noch ewig weiterführen) sind ein Spiegelbild unserer selbst – ob es uns gefällt oder nicht. Wir können es offen zugeben oder aber auch leugnen; es spielt eigentlich keine Rolle, denn es ist nun einmal so. Diese Mischung aus Traditionalismus und Antiautoritarismus kennzeichnet nämlich auch unsere Existenz, genau wie die unserer *gelben Freunde*. Der sympathische und korpulente Fernsehjournalist Vincenzo Mollica, der mich ein bisschen an Homer erinnert, schrieb 1999 in einem Artikel für die Monatszeitschrift „Linus": „Die Simpsons sind wie wir, genauso wie wir! Sie sind unsere Ausweispapiere, sie sind das Fruchtwasser, in dem wir geschwommen sind, bevor wir auf die Welt kamen. Sie haben sogar Spuren in unserer DNA hinterlassen." Er zog zum Vergleich sogar eines der größten Werke der Weltliteratur, Dantes *Göttliche Komödie*, heran: „Die fünf Mitglieder der Familie Simpson stellen Dante und Vergil zugleich dar, mit dem einzigen Unterschied, dass sich Himmel, Läuterungsberg und Hölle an demselben Ort befinden, und zwar in ihrem schmucklosen Haus, dessen Einrichtung aus Farben besteht, die in keinem Musterkatalog zu finden sind."

Der oben bereits erwähnte Placido schrieb in „La Repubblica": „Es ist wie in der Fabel von Trilussa über den Mann und den Affen. Der Mann lacht über den Affen, muss aber gestehen, nicht zu wissen, aus welchem Grund er lacht. Der Affe antwortet ihm: ‚Du lachst, weil ich dir so ähnlich bin!‘"

Die *Simpsons* funktionieren genau nach diesem Muster. Der Zuschauer lacht im Grunde über sich selbst. Die beste Methode, diese Welt besser verstehen zu lernen, ist, die sokratische Weisheit zu akzeptieren, dass man *weiß, dass man nichts weiß*.

Es gibt jedoch noch einen zweiten Interpretationsansatz, der zu dem, was bis jetzt gesagt wurde, nicht im Widerspruch steht, sondern es vielmehr bestärkt. Es ist nicht besonders schwer, im chaotischen Dasein dieser Figuren den alten Traum über Gleichstellung und Gleichberechtigung zu entdecken, sozusagen den *American dream* nach dem Modell *Forrest Gump*, nur noch überspitzter. Homer, der typische *Durchschnittsmann* oder *Everyman*, Bart, der *durchschnittliche* Schlingel, Maggie, das *durchschnittliche* Baby und die gesamte *durchschnittliche* Familie lassen uns jedoch das Besondere in jeder einzelnen Geschichte erahnen, mag sie auf den ersten Blick auch noch so banal, frustrierend, pathetisch, ungelöst oder schwachsinnig erscheinen. Auch die übrigen schrägen Bewohner Springfields tragen ihren Teil dazu bei: Opa Simpson, ein klappriger Tattergreis, der immer auf die absurdesten Ideen kommt (sein Motto lautet: „Der liebe Gott lässt uns aus gutem Grund so alt werden; bis wir weise genug sind, um alles zu kritisieren, was er geschaffen hat!"[26]), dann der religiöse Fanatiker von nebenan, mit dem man lieber nicht verglichen werden möchte, das Muttersöhnchen (der frustrierte Schuldirektor, der der Zeit im Vietnamkrieg nachweint), der indische Einwanderer (Filialleiter des Kwik-E-Marts, auf der Suche nach seiner Traumfrau, die er schließlich in seiner Gemeinde findet[27]), der diabolische Großunternehmer, menschenfeindlich und steinalt, der sich für die Umweltverschmutzung, die sein Atomkraftwerk verursacht, nicht im geringsten interessiert,[28] der Halbstarke, der ständig Streit sucht, sich in Wahrheit aber nach Zuneigung sehnt. Über ihn sagt Bart: „Mama, Gott hat Türschlösser erfunden, damit Leute wie Nelson DRAUSSEN bleiben!"

Die Simpsons zeigen Ängste und Sorgen, gleichzeitig aber auch einen Ausweg aus dem Abgrund, in den sie (und wir?) sonst tagtäglich zu fallen drohten. Und vor allem machen sie deutlich, dass keines der unendlich vielen Menschenleben auf diesem Planeten, den das Los uns zugeteilt hat, dem anderen gleicht. Sie gehen das Leben ironisch, unbeschwert, sanftmütig und manchmal respektlos an. Sie haben eine eigene Sicht der Welt und fesseln uns damit Folge um Folge gute zwanzig Minuten lang an unseren Fernsehsessel, wodurch sie endgültig beweisen (falls das überhaupt notwendig war), dass Cartoons und Comics nicht nur etwas für Kinder und/oder geistig Zurückgebliebene sind.

5
Unter Philosophen, Wissenschaftlern und ... Theologen

Werfen wir einen kurzen Blick in ein Buch, das 2005 in Italien und sechs Jahre davor in den USA veröffentlicht wurde (es gibt viele, die behaupten, die Lektüre sei beschwerlich, aber das ist nur dem Anschein nach so): *Die Simpsons und die Philosophie*. Herausgegeben wurde es von drei Dozenten für Philosophie: William Irwin, Mark T. Conard und Aeon J. Skoble (der sogar an der Militär-Akademie in West Point unterrichtet – der Glückliche!).[29] Das Werk umfasst achtzehn Essays und ebenso viele originelle Interpretationsansätze, die eine neue Sichtweise der Figuren, der sprachlichen Gestaltung und der politischen Inkorrektheit der Serie eröffnen. Es ist eine Untersuchung, die die Methoden der Dialektik auf die Populärkultur überträgt und die typische Strenge der Philosophie mit der Ironie des gewählten Untersuchungsgegenstandes verbindet, der für dieses Feld zumindest ungewöhnlich erscheint. Und es ist wirklich für jeden etwas dabei! Ein Aufsatz beschäftigt sich z.B. mit dem Grießgram Mr. Burns (dem blutsaugenden Kapitalisten, den ich oben bereits erwähnt habe) und geht der Frage nach, ob wir aus seiner grundsätzlichen Unzufriedenheit etwas über das Wesen menschlicher Freude und Zufriedenheit lernen können. Ein anderer wiederum fragt sich, ob die Ablehnung der traditionellen ethischen Werte, wie sie Friedrich Nietzsche postuliert hat, auf irgendeine Art und Weise Barts schlechtes Benehmen rechtfertigen könnte (der ja, wie wir bereits festgestellt haben, fast reflexartig „Ich hab nix gemacht!" ruft, selbst wenn seine Finger noch in der Keksdose stecken ...). Und dann gibt es noch denjenigen, der sogar den guten alten Marx (Karl, nicht Groucho) bemüht, um aus dessen Perspektive die tiefgründige gesellschaftliche Dynamik in Springfield zu analysieren. Aber das ist noch nicht alles. Da dieses Experiment geglückt scheint und sich die Marke *Simpson* gut verkauft, hat jetzt der italienische Wissenschaftsjournalist Marco Malaspina ein kurioses, aber keineswegs abwegiges Werk herausgebracht: *La scienza dei Simpson* (*Die Wissenschaft der Simpsons*), Untertitel: *Guida non autorizzata all'Universo in una ciambella*[30] (*Ein inoffizieller Reiseführer durch das Universum in einem Donut*). Schließlich wimmelt es in der Serie nur so von Anspielungen auf neueste technologische Errungenschaften und aktuelle technisch-wissenschaftliche Themen: die Atomkraft, das Abfallproblem, Antidepressiva, GMO [*Gentechnisch Modifizierte Organismen*, A. d. Ü.] und Raumfahrtmissionen. Natürlich darf auch ein dezenter Hinweis auf die aktuelle Debatte „Evolutionslehre vs. Kreationismus" nicht fehlen – wie könnte es auch anders sein? Dabei werden immer wieder (mehr oder weniger bekannte) Forscher und Wissenschaftler parodiert, z.B. der berühmte Physiker Stephen Hawking, der in den irrsinnigen Gedankengängen Homers Geniales zu entdecken glaubt: „Ihre Vorstellung von einem donutförmigen Universum ist durchaus interessant, Homer. Die Idee werde ich Ihnen vielleicht klauen!" [Episode AABF18, *Die Stadt der primitiven Langweiler*, A. d. Ü.]

Darüber hinaus wurden in den USA die einzelnen Simpsons-Figuren bereits psychologisch analysiert;[31] es wurde deren Bezug zur realen Gesellschaft ausführlich dargestellt[32] und (selbstverständlich!) hat man auch schon eingehend über die Funktion diskutiert, die der Zeichentrickfilm in einer Welt übernimmt, in der alles durch ein allgegenwärtiges Kommunikationsnetz miteinander verbunden ist.[33]

Bei genauerer Betrachtung erkennt man, dass die *Simpsons* eher die Züge einer *Sitcom* als die eines klassischen Zeichentrickfilms tragen. Die Schauplätze, die Handlung, die Personen und Verwicklungen machen aus den Simpsons eine Fortsetzung (und Weiterentwicklung) der zahlreichen TV-Serien, die in den achtziger und neunziger Jahren auch das italienische Publikum unterhalten haben: von der *Bill Cosby Show* über *Eight is Enough* [wurde im deutschen Fernsehen nie ausgestrahlt, A. d. Ü.] bis hin zu *Happy Days* und den *Jeffersons*. Sie setzten Modetrends, wurden nachgeahmt und vom Publikum geliebt, ganz zu schweigen von den unzähligen Ohrwürmern, die uns diese Serien beschert haben. Religiöse Themen finden in ihnen übrigens nur in sehr eingeschränktem Umfang Beachtung, wie Paul A. Cantor in seinem Essay im bereits zitierten Band *Die Simpsons und die Philosophie*[34] richtig bemerkt. Es sei untypisch für amerikanische Fernsehproduktionen der neunziger Jahre, religiösen Themen allzu große Aufmerksamkeit zu schenken. Ginge man sogar ausschließlich von den Sendungen dieser Zeit aus, würde man es kaum für möglich halten, dass sich der Großteil der Amerikaner als religiös und sogar *ihren Glauben praktizierend* bezeichnet. Die TV-Produzenten taten einfach so, als spiele die Religion eine untergeordnete Rolle in ihrem Leben; zum einen, weil sie befürchteten, durch das Aufgreifen religiöser Themen die Gefühle streng gläubiger Zuschauer zu verletzen, und zum anderen, weil sie Angst hatten, mächtige religiöse Gruppen könnten die Sponsoren ihrer Programme boykottieren. Außerdem sind fast alle, die beim Fernsehen arbeiten, nicht besonders religiös, wenn nicht sogar ausgesprochen unreligiös, sodass alles, was mit Religion zu tun hat, kurzerhand als religiöser Fundamentalismus abgestempelt wird. In diesem Punkt stellen die Simpsons (immer noch) eine Ausnahme dar. Das ist auch sehr erfreulich, wird doch dadurch deutlich gemacht, dass es möglich ist, solche Themen anzusprechen, ohne gleich Reaktionen wie die auf gewisse *dänische Zeichnungen*[35] auszulösen. „Wenn *Die Simpsons* ein bestimmtes Thema zum Opfer ihrer Satire machen, dann erkennen sie damit gleichzeitig auch dessen hohen Stellenwert an. Auch wenn sie sich über Religion lustig machen, sprechen sie ihr damit das zu, was sonst nur wenige andere Sendungen offen zugeben, nämlich dass Religion ein wichtiger Bestandteil des amerikanischen Alltags ist."[36]

Die Theologie der Simpsons

Es wird den Leser nicht allzusehr wundern, dass ich nun meinerseits einen bescheidenen Versuch unternehmen möchte, den Entwurf einer „Simpson'schen Theologie" zumindest in groben Zügen zu skizzieren.[37] Entgegen manch anderen Stimmen, die behaupten, Groening stamme aus einer jüdischen Familie, waren Groenings Eltern und Großeltern Mennoniten (Mitglieder einer konservativen Kirche, die in der Tradition der Wiedertäufer steht).

Er wuchs unter Methodisten auf und definiert sich selbst als Agnostiker. Seine Figuren verkörpern, wie sonst nur wenige andere Zeichentrickfiguren, den universellen Wunsch nach Sozialisation, ja allgemein nach sozialen Bindungen, die heutzutage oft verweigert werden und kompliziert sind. Sie verkörpern den Wunsch nach *Open Skies* in einer Zeit, in der die Himmel versperrt sind. Sie repräsentieren eine Generation, die von den schrecklichen und undurchschaubaren Ereignissen des 11. Septembers 2001 dominiert wird. Und obwohl sie in ihren Ängsten gefangen sind, sind sie dennoch in der Lage, Beziehungen aufzubauen; und sie erzählen (ganz besonders in den *Halloween Specials*) Geschichten vom heillosen Durcheinander, das in vielen Leben oft herrscht. Die Bewohner von Springfield beweisen damit, dass sie eine Gemeinschaft sind, die ihr Leben tatsächlich *gemeinsam* meistert. Sie sind nicht nur Mitbewohner, sondern Freunde und Verbündete, fast wie eine Mini-*Polis* des antiken Griechenland, samt Gründungsmythos sowie eigenen Festen und Traditionen (die – wie könnte es auch anders sein? – sehr originell sind): Da gibt es z.B. das Fest zu Ehren des Stadtgründers Jebediah Springfield oder die Verehrung eines alten Zitronenbaums, des Wahrzeichens von Springfield.[38] Und nicht zu vergessen: der „Knüppeltag", bei dem die Schlangen aus der Umgebung ins Stadtzentrum getrieben werden, um dort von den Bewohnern Springfields verfolgt und eben *niedergeknüppelt* zu werden.[39] Sie sind der lebende Beweis dafür, dass das Unwahrscheinliche, das Übernatürliche und das krankhaft Abnorme integraler Bestandteil unseres Alltags sind und dass es viel spannender ist, zu lernen, damit umzugehen, als davor zu erschrecken, was wiederum nur Ängste und Unruhe schüren würde. Zur Zielscheibe des Spotts werden dabei häufig komplizierte religiöse Fragen, die sich aus dem Zusammenleben verschiedener Religionen ergeben können. Allem voran die so genannte *civil religion*, eine vorzüglich amerikanische „Marke", die bereits bis zu uns vorgedrungen ist (weil er keine Lust hat, in die Kirche zu gehen, sagt Homer: „Und wenn wir nun die falsche Religion erwischt haben? Dann wird Gott von Woche zu Woche nur wütender!", während Lisa Barts Instrumentalisierung des Gebets mit den Worten: „Beten ist die letzte Zuflucht des Schurken" kommentiert). Manchmal stimmen sie aber auch ein leises Loblied auf die unbestreitbaren Vorzüge eines interreligiösen Dialogs an, der mehr aus Taten als aus theologisch-philosophischen Diskussionsrunden besteht, wie z. B. in der Episode *Ein gotteslästerliches Leben* (auf die ich später noch einmal zurückkommen werde), in der der jüdische Clown Krusty, der Hindu Apu sowie der christliche Fundamentalist Ned Flanders ihre Kräfte vereinen, um Homer aus seinem Haus zu retten, das er, aufgrund seiner Unachtsamkeit, fast vollständig in Schutt und Asche gelegt hat.

Obwohl im Hintergrund immer ein Hauch Skepsis bezüglich des göttlichen Eingreifens in unser irdisches Leben mitschwingt, wird Gott – wenn es denn notwendig erscheint – sogar höchstpersönlich auf den Bildschirm gebeten (der klassischen Darstellung folgend erscheint ER als riesenhafter alter Mann mit wallendem, weißen Bart, von dem man immer nur einen Teil zu sehen bekommt und der Homer gegenüber sehr gütig und liebevoll ist: In einer Folge gibt Gott ihm im Paradies die Frisbeescheibe zurück, die er verloren hatte). Ganz besonders wird ER in Momenten großer Niedergeschlagenheit oder Bedrängnis angerufen, z. B. als Homer, um einer Horde besessener Spendeneintreiber zu entkommen, von Reverend Lovejoy als Missionar von *Christian Relief* auf eine Insel im Südpazifik verfrachtet wird (um die Wahrheit zu sagen, ist Homer von der Idee alles andere als begeistert, und es entwischt ihm sogar ein: „... ich glaube nicht mal an Jebus[40]!", was aber nichts zu bedeuten hat, außer vielleicht, dass sein Mundwerk wieder einmal schneller war als sein Gehirn, denn schon kurz darauf ruft er in seiner Verzweiflung: „Rette mich, Jebus!").

Als der Reverend lieber über das Zugunglück seiner geliebten Modelleisenbahn trauert, als zum Weihnachtsgottesdienst zu erscheinen, und auch Ned Flanders aufgrund höherer Gewalt die Weihnachtspredigt nicht halten kann, steigt Homer zur Kanzel empor und erzählt – natürlich in einer originellen Neufassung – die Geschichte von der Geburt Jesu (dargestellt von Bart), von der Verfolgung durch Herodes (Mr. Burns) und dem ersten Weihnachtsbaum.[41]

Als Bart nach einem seiner unzähligen Streiche den Weihnachtsbaum samt Geschenke abfackelt, sagt er mit einer Mischung aus Dreistigkeit und purer Dummheit: „Wir sollten darüber nicht die wahre Bedeutung dieses Tages vergessen: Die Geburt des Weihnachtsmanns!"[42] Manchmal konfrontieren sie uns auch damit, wie wir uns selbst in den fragwürdigsten Unterfangen göttlichen Beistand wünschen, so wie z. B. Homer, der, als er das Fett der Schulkantine stehlen will (und sogar Bart mit hineinzieht), im Auto kurz innehält und Gott um gutes Gelingen dieser nicht gerade ruhmreichen Mission bittet: „Lieber Gott, ich weiß, du bist viel damit beschäftigt, hübschen Frauen beim Umziehen zuzusehen und so weiter, aber wenn du uns diese Nacht beim Fettstehlen hilfst, verspreche ich, die Hälfte des Gewinns wohltätigen Zwecken zu spenden."[43] Selbst höllische Gestalten fürchten sie nicht (dargestellt wie im *Garten der Lüste* von Hieronymus Bosch). Als Bart von Mr. Burns angefahren wird, findet er sich in einer Nahtoderfahrung vor dem Teufel wieder und stellt sich ihm vor: „Ich bin Bart Simpson. Wer zum Teufel sind Sie?"[44] Natürlich finden wir auch hirnrissige, pseudo-theologische Mutmaßungen darüber, wer in den Himmel kommt und wer nicht. So sagt z. B. Homer in einer Folge über den bereits erwähnten Stadtgründer Jebediah Springfield: „Ich kann verstehen, dass man in hohen himmlischen Kreisen die wilden Affen, die im Dschungel leben, nicht haben will. Aber was ist denn gegen die guten einzuwenden, die so leben wie wir? Die Skateboard fahren und Zigarren rauchen ...?" (Der gleiche Homer erklimmt jedoch nicht selten wahre Gipfel der Weisheit. Sein Lebensstil schwankt ständig zwischen dem Materialismus des biblischen Propheten Kohelet: „Esse, trinke und lass es dir gutgehen", der Reinheit eines Baal Shem Tov, des Begründers des Chassidismus, und einer ausgeprägten Vorliebe für das Paradoxe, wie die eines Groucho Marx. Er beweist somit, das er das auskostet, was der neidische Ned Flanders in der Episode *Wir fahr'n nach Vegas* als „berauschende Lebenslust"[45] bezeichnet). Die Seele wird ebenfalls als Thema aufgegriffen. Bart hält sie zunächst für reinen Aberglauben und verkauft sie an seinen besten Freund Milhouse, bis er schließlich deren wichtige Funktion erkennt und sie mit viel Mühe wieder zurückbekommt. Auch auf die fernöstliche Kultur wird Bezug genommen. Zum einen durch Apu, der von Zeit zu Zeit „Um Shivas Willen!"[46] ausruft und beim Abendessen im Hintergrund das „Konzert gegen Bangladesch" laufen lässt,[47] zum anderen durch Lisa, die sich zum Buddhismus bekennt, und schließlich sogar durch Barts Erzfeind, Sideshow Bob, der, vom Unglück verfolgt, die ersten beiden *edlen Wahrheiten des Buddha* rezitiert (Episode 8F20, *Bis dass der Tod euch scheidet*).

Auch das letzte Tabuthema dieses Genres, der Tod, wird gebrochen: Die Einwohner von Springfield werden krank, sie bekommen Depressionen, versuchen, Selbstmord zu begehen, und drehen manchmal durch. Aber dabei bleibt es nicht. In der 11. Staffel stirbt Maude, die Ehefrau von Ned Flanders. Mehrere Episoden beschäftigen sich mit dem Thema Trauer und damit, wie es für Ned als Witwer und alleinerziehenden Vater von zwei kleinen Kindern weitergeht. In der Episode *Zu Ehren von Murphy*[48] stirbt auch Lisas Vorbild, der Jazz-Musiker „Zahnfleischbluter-Murphy" (der ihr ein Kompliment nach echter *Blues*-Manier macht: „Weißt du, für jemanden, der keine ernsten Probleme hat, spielst du wirklich gut!").[49] Sogar eine Nebenfigur wie der *Duffman*, ein lebender Werbeträger für Homers Lieblingsbier, wird mit einer Prise Religion verfeinert: In der Episode *Der hungrige, hungrige Homer* (CABF09) fragt er sich: „Was würde Jesus jetzt tun?", bevor er sich dann dazu entschließt, einen Mann aus dem Feld des Springfielder Baseball-Stadions zu schleudern ...[50]

6
Reverend Lovejoy, oder:
Ein Reverend in der Midlife Crisis

Timothy Lovejoy, Pastor einer nicht näher definierten evangelischen Kirche,[51] lebt seine kindlichen Phantasien und seinen atavistischen Frust im kleinen Universum seines geliebten Hobbys (der Modelleisenbahn) aus. Nicht selten vom Gespann Homer – Bart verlacht, ist er die meiste Zeit mehr damit beschäftigt, seine ohnehin schon kaum vorhandene Autorität in der Gemeinde zu verteidigen, als den (spärlichen) geistlichen Bedürfnissen seiner Schäfchen nachzukommen. Als Marge bemerkt, mit welcher Gleichgültigkeit Reverend Lovejoy seine Aufgabe als Seelsorger wahrnimmt, übernimmt sie seinen Platz und wird die *Zuhörlady*. Sie hört sich die Probleme der Gemeindemitglieder an und versucht, ihnen zu helfen, wie z. B. dem Barbesitzer Moe in einem Telefongespräch (Episode 4F18, *Marge als Seelsorgerin*):

Moe: „Ja, hallo, ich möchte gern Reverend Lovejoy sprechen. Wer ist da?"

Marge: „Oh, wie soll ich sagen ... hier ist die ... ähm ... die Zuhörlady."

Moe: „So, dann hören Sie mal gut zu, Lady. Ich habe so viele Probleme, dass ich gar nicht weiß, wo ich anfangen soll."

Marge: „Na schön, warum fangen Sie nicht einfach mit dem Schlimmsten an?"

Moe: „Gute Idee. Nummer eins: Ich habe meinen Lebenswillen verloren."

Marge: „Aber das ist doch absolut lächerlich, Moe. Sie haben so viel, wofür es sich lohnt zu leben."

Moe: „Wirklich? So was Nettes hat mir Reverend Lovejoy noch nie gesagt! Wow, Sie sind toll! Danke!"[52]

Der Reverend hatte sich schon längst daran gewöhnt, von seinen Gemeindemitgliedern ständig kritisiert zu werden. Damit, dass sich eines von ihnen stattdessen dazu bereit erklären würde, aktiv mitzuarbeiten, hatte er nicht gerechnet:

Marge: „Predigten über Standhaftigkeit, Seelencourage und Stärke sind gut, aber die Kirche könnte weit mehr tun, um alle Gemeindemitglieder zu erreichen."

Lovejoy: „Niemand meldet sich freiwillig, um die Situation zu verbessern."

Marge: „Na schön ... okay! Dann melde ich mich freiwillig!"

Lovejoy: „Hm, darauf war ich nicht vorbereitet."

Den Idealismus, den er als junger Pastor – samt seiner Gitarre und seiner Leidenschaft für das Evangelium – „im Gepäck" hatte, als er nach Springfield kam, scheint der Mittvierziger zusammen mit seiner Glaubwürdigkeit und Kohärenz verloren zu haben. Obwohl er in seinen Predigten das Glücksspiel verurteilt und es sogar als „achte Todsünde" bezeichnet,[53] wird in seiner Gemeinde vom Bingo bis zu den so genannten „Montecarlo Nights" so einiges an Glücksspielen angeboten.

In einer Folge, in der sich alles um das achte Gebot „Du sollst nicht stehlen" dreht, lässt sich Homer illegal an das Kabelfernsehen anschließen. Lisa fürchtet, dass die gesamte Familie deswegen in die Hölle kommen könnte, und sucht Reverend Lovejoy auf. Diesem fällt kein besserer Rat für Lisa ein, als sich dieser kriminalisierten Technik zu verweigern und dadurch ein gutes Beispiel zu geben.[54]

Sein – bislang unerfüllter – Traum ist, dass sich das Motto des Gebrauchtwarenladens der Kirche bewahrheitet, das da lautet: „Der Reverend ist der Beste".[55] Aber so ist es leider nicht. Seine Frau Helen ist eine Tratschtante, wie sie im Buche steht, und gleichzeitig ein wandelndes Werbeplakat für das Zölibat der katholischen Konkurrenz, genauso wie seine Tochter Jessica, die nach außen hin die „liebe, nette Pfarrerstochter" spielt, in Wahrheit aber eine hinterlistige kleine Schlange ist, die Bart schamlos ausnutzt und noch dazu der süßen Verlockung des Verbotenen nicht widerstehen kann (der arme Bart hat sich natürlich bereits beim ersten Anblick Hals über Kopf in sie verliebt:

Bart:	„Hallo, ich bin Bart Simpson. Es hat mich unheimlich ergriffen, wie du vorgelesen hast. Gottes Worte haben in meinen Ohren noch nie so überzeugend geklungen."
Jessica	„Du bist ein schlechter Mensch, Bart Simpson."
Bart:	„Nein, bin ich nicht. In Wirklich ..."
Jessica:	„Oh doch, bist du wohl. Und das gefällt mir!"
Bart:	„Ich bin böse bis auf die Knochen."

Jessica ist sogar so dreist, dass sie während des Gottesdienstes den Klingelbeutel plündert und dann dabei zusieht, wie die gesamte versammelte Gemeinde Bart (wem sonst ...?) die Schuld zuschiebt. Natürlich macht sie keine Anstalten, ihm aus der Bredouille zu helfen. Als Bart sie zur Rede stellen will, giftet sie ihn an: „Vergiss bitte nicht: Ich bin das liebe Pfarrerstöchterchen – und du bist nur gelber Müll!" (*Adel verpflichtet!*) Reumütig muss er einsehen: „Sie ist wie ein Fliegenpilz: lieblich von außen und dabei sehr, sehr giftig." Ihre Eltern haben sie schließlich nicht ohne Grund in ein Internat gesteckt (wie man sieht, ohne großen Erfolg). Am Ende dieser Episode (der Vollständigkeit halber: es handelt sich um Folge 2F04, *Barts Freundin*) wird Jessica dank Lisas hervorragender detektivischer Fähigkeiten überführt und gesteht weinend ihre Schuld. Natürlich schiebt sie – frei nach dem *Handbuch der Psychologie* – alles darauf, dass sie nicht genug Aufmerksamkeit und Liebe von ihren Eltern erfahren habe, und wir, als treue Zuschauer und mehr oder weniger aktive Zeugen der 68er-Bewegung, tendieren sogar dazu, ihr Recht zu geben. Welche väterliche Autorität kann denn schon ein Reverend besitzen, der einen zum Tode verurteilten Häftling, der sich darüber beklagt, dass seine letzte Mahlzeit gestohlen wurde, mit den Worten tröstet: „Nun, wenn das das Schlimmste ist, was dir heute passiert, kannst du dich glücklich schätzen!"?

Problematisch und sogar fast zynisch ist seine Einstellung zur Bibel, wenn man sich den Rat anschaut, den er Marge während ihrer Ehekrise gibt:

Lovejoy:	„Lassen Sie sich scheiden."
Marge:	„Ist das nicht eine Sünde?"
Lovejoy:	„Marge, so ziemlich alles ist eine Sünde. Haben Sie diesen Wälzer jemals ganz gelesen? Eigentlich dürften wir nicht einmal auf die Toilette gehen."[56]

47

Den Kirchenschildern, die jeden Sonntag mit einem anderen Slo-
gan für den Gottesdienst werben, müsste man eigentlich ein eigenes Kapitel widmen. Sie nehmen meistens auf die nächste Predigt
des Reverends Bezug und auf seine Hintergedanken oder kom-
mentieren aktuelle, mehr oder weniger geistliche Themen. Es gibt
Beispiele für eine bescheidene pastorale Marketingstrategie (*Die
verrücktesten Bingokarten der Stadt*, Episode 1F14) oder für Anspielungen auf heikle aktuelle Ereignisse (*Böse Frauen der Geschichte: von Jezebel bis Janet Reno*, 2F04) und natürlich auch für die
unterschwelligen interreligiösen Rivalitäten (*Parken für Besucher
der Synagoge verboten*, 4F13). Darüber hinaus werden die Gläubigen dezent darauf hingewiesen, dass eine großzügige Spende er-
wünscht ist (*Erzbischof muss mit 20 $ auskommen*, 2F20), genauso
wie angemessene Kleidung (*Keine Schuhe, kein Hemd, keine Rettung*, 3F02). Mein persönlicher Favorit: *Private Hochzeit. Bitte beten Sie woanders* (1F21). Wer kann da noch ein Schmunzeln unterdrücken?

In Wirklichkeit wird dabei jedoch nicht die Institution Kirche
an sich kritisiert, sondern deren offizielle und inoffizielle Vertreter
mit ihrem übertriebenen Formalismus, angefangen bei Ned Flanders bis hin zum Pastor selbst (der ihn allerdings, wie wir später sehen werden, auch nicht mehr erträgt und seine Gemeindearbeit
eher unter das Motto „leben und leben lassen" stellt). Jeden Sonntag versammelt sich fast die gesamte Stadt in der Kirche, wenngleich die Aufmerksamkeit der meisten Anwesenden zum Zeitpunkt der Predigt bereits gegen null tendiert (aber selbst darauf ist
der Reverend bestens vorbereitet: sollte die Gemeinde wieder einmal in einen kollektiven Tiefschlaf gefallen sein, kann er, um sie
wieder zu wecken, zwischen drei Soundeffekten wählen, die durch
das Betätigen des jeweiligen Knopfes auf seiner Kanzel produziert
werden: Krankenwagensirene, Vogelgeschrei und Discomusik.[57]
Dennoch schafft es Homer einmal, sich mithilfe eines kleinen Ra-
dios vollständig vom Geschehen in der Kirche abzuschirmen, um
das Ende eines wichtigen Spiels nicht zu verpassen).

Bart bringt den Allerhöchsten auch dann ins Spiel, wenn es um
seine große Leidenschaft geht („Bis jetzt wusste ich nicht, warum
mich Gott auf diese Welt geschickt hat, aber jetzt wird's mir klar:
um dieses Comicheft zu kaufen!"). In seiner Rede vor den Kindern

des Junior-Unternehmer-Clubs inszeniert der garstige Mr. Burns die perfekte Parodie einer Predigt: „Ich fasse mich kurz und freundlich. Familie, Religion, Freundschaft sind die drei Dämonen, die man besiegen muss, wenn man in der Geschäftswelt Erfolg haben will. Wenn die Gelegenheit anklopft, darf man nicht gerade auf dem Weg zur Entbindungsstation sein oder in einer verlogenen Heuchlerkirche hocken oder ... Synagoge! Noch Fragen?"[58]

Genauso verblüffend sind Homers Worte, der ja ein *Mitglied* der Gemeinde des Reverend ist: „Wenn die Bibel uns auch sonst nichts gelehrt hat – und das hat sie nicht –, dann doch, dass Mädchen sich an Mädchensport halten sollen, z. B. mit eingeölten Körpern ringen, Schlamm-Catchen und was es sonst noch gibt." (2F05) Interessant auch seine Antwort in einem (imaginären) Interview mit *USA Today* auf die Frage, woran er glaube: „Jedes Mal, wenn ich meine kleine, süße Lisa sehe, glaube ich an Gott. Jedes Mal, wenn ich Bart sehe, glaube ich an den Teufel." Bleibt die Frage: Was tun, angesichts einer solchen religiösen Verirrung? Da fällt mir unter anderem der kanadische katholische Theologe Jean-Marie Tillard ein, der in seinem Buch *Siamo gli ultimi cristiani? (Sind wir die letzten Christen?)*, welches tatsächlich eine *Lettera ai cristiani del Duemila (Brief an die Christen des zweiten Jahrtausends)*[59] ist, dieses Problem mit einfachen, aber bestimmten Worten beschreibt: „Die Priester verwenden ihre gesamte Energie darauf, über Christus zu sprechen, und ihre Zuhörer gähnen, weil sie kein Interesse an dem Gesagten haben. Die Kirchenbänke werden immer leerer und die Menschen, die sie noch besetzen, tragen immer graueres Haar. Deswegen werden einige Gemeinden sogar geschlossen. Eine gesamte Generation (die in den nächsten Jahrzenten den Kern unserer Gesellschaft darstellen wird) begegnet der Kirche langsam, aber sicher nicht mehr mit Aggressivität, sondern – und das ist noch viel schlimmer! – mit Gleichgültigkeit."[60] Reverend Lovejoy kann davon bestimmt ein Lied singen ...

Damit religiöse Worte im Sinne Bonhoeffers wieder wirksam und sinnvoll werden, gilt es meiner Meinung nach, sowohl in der Theologie als auch in der Katechese die *Erzählung* wieder aufzugreifen. Wenn man Tillard Recht gibt, dann kann man über die heutige Krise im Christentum, das angesichts des Kampfes mit dem postmodernen Pluralismus ermattet ist, eines mit Sicherheit sagen, und zwar, dass *diese* Generation die letzte sein wird, die das Christsein in dieser Form erlebt. In Zukunft – aber eigentlich auch heute schon – wird es unabdingbar sein, Christus nicht nur von irgendeiner Kanzel aus zu verkünden. Man muss *wieder neu lernen*, dass man Glaube nicht primär durch Assimilation und Anpassung an die Gesellschaft vermitteln kann, sondern durch ein demütiges Hervorheben der *Einzigartigkeit* des Evangeliums: „Maurice Clavel hatte Recht, als er sagte, dass das Christentum unsere Welt erst dann durchdringen könne, wenn die Getauften den Mut und die Kraft hätten, wütend zu werden, sich zu empören, und die *Seligpreisung der Guten* nicht mit einer universellen Toleranz verwechselten. Daraus folgt auch, dass die lokalen Gemeinden in ihren Versammlungen verstärkt das Wort Gottes und die Sakramente in den Mittelpunkt rücken müssen."[61]

Wer weiß, vielleicht könnte dadurch sogar jemand wie Homer wieder Gefallen am sonntäglichen Gottesdienst finden ... oder bin ich etwas zu voreilig?

7
Ned Flanders, oder:
Der blinde Gehorsam eines Gottes-
fürchtigen

Okily-dokily ... Bei der Betrachtung der Schlüsselfiguren im religiösen Universum der Simpsons führt kein Weg an deren Nachbarn,
oder besser gesagt: *dem Nachbarn* schlechthin, vorbei: Ned Flanders.
Er ist ein Meisterwerk des christlichen Integralismus und fungiert
oft als Homers *Alter Ego*, der ihn sogar als „heiliger als Jesus" bezeichnet! Ned war früher Apotheker und führt jetzt ein eigenes Geschäft, das *Linkshändrium*, in dem er Artikel für Linkshänder verkauft (er selbst ist auch einer). Er ist derjenige, dem immer alles besser und einfacher gelingt, im Gegensatz zum tollpatschigen und
nichtsnutzigen Homer, der immer alles vermasselt und es nicht einmal zustande bringt, sein Haus mit einer einigermaßen anständigen
Weihnachtsbeleuchtung zu schmücken. Paolo Naso schreibt über
Flanders: „Er ist ein frommer evangelischer Christ, der sehr auf seinen Körper achtet. Er ist gottesfürchtig und repräsentiert den weit
verbreiteten Sinn für Religiosität, der dafür sorgt, dass sich jeden
Sonntag ca. 50 % der US-amerikanischen Bürger in eine Gebetsstätte
begeben."[62] Er ist aber auch ein nerviger Sittenwächter ohnegleichen, der zusammen mit seiner Frau Maude gegen jedes noch so
kleine Anzeichen von Gewalt vorgeht. Er unterstützt Marge in ihrem
Kreuzzug gegen die Produzenten der Lieblingsshow der Kinder von
Springfield, während Maude sich als würdige Partnerin erweist und
sogar gegen die Ausstellung von Michelangelos David protestiert,
empört über die skandalöse Nacktheit dieser weltweit berühmten
Skulptur.[63] Flanders ist ein überzeugter Antidarwinist, hält uner-
schütterlich am Schöpfungsglauben fest und ist davon überzeugt,
dass die Sonne um die Erde kreist. Selbst sein Autokennzeichen
(JHN 143, eine Anspielung auf das Johannesevangelium, Kapitel 1,
Vers 43: „Folge mir") trägt missionarische Züge. In seinem Leben
befolgt er die drei goldenen S: („saubere Lebensführung, sorgfältig
kauen und eine tägliche Sonderration Kirchenvitamine").

Auf dem jährlichen Trödelmarkt verschenkt er an seinem Stand Tauschbilder mit biblischen Figuren an die Kinder, die ihre Begeisterung für die Karten jedoch ganz schnell wieder verlieren: „Na Kinder, wer hätte gedacht, dass Religionsunterricht so viel Spaß machen kann?" – „Religion??? Unterricht??? Los, nichts wie weg hier!!!"). Aber das ist längst nicht alles! Für seinen Abzählreim benutzt er die Namen der vier Evangelisten, und als er Lisa einmal Saxophon spielen hört, verwechselt er ihr Spiel zunächst mit dem apokalyptischen Posaunenstoß des Erzengels Gabriel. Der Name seines Bowling Teams ist *Holy Rollers*. Das Einzige, was ihn an seiner Frau stört, ist, dass sie Passagen in seiner Bibel unterstreicht, wenn sie ihre nicht finden kann. Er trägt außerdem immer eine Taschenbibel unter seinem Pullover mit sich, die ihm sogar das Leben rettet, als er von den Handlangern des Mafiabosses Don Vittorio angeschossen wird (einen weiteren Schuss überlebt er dank eines „übergroßen Stücks vom echten Kreuz", das er ebenfalls unter seinem Pullover versteckt).[64] Außerdem erfahren wir, dass er sechs Kirchen unterschiedlicher christlicher Denomination Geld spendet, „nur, um auf Nummer sicher zu gehen". Als die gefährliche Osaka-Grippe Springfield erreicht und auch die Flanders trifft, ist Ned davon überzeugt, dass Gott ihn dafür bestrafen will, dass er sich *Eine schrecklich nette Familie* angeschaut hat: „Oh nein, die Werbung des Senders hat sich bewahrheitet: Sitz in der ersten Reihe und es wird dir schlecht bekommen!"[65]

Die Verantwortung für sein Verhalten (das die Simpsons-Kinder als „krankhaft religiös" bezeichnen) liegt zum Teil bei seinen Eltern. Als klassische Woodstock-Hippies hielten sie nichts von Regeln und Disziplin, und so war er als Kind ein aggressiver Raufbold. Nach einer achtzehnmonatigen Prügeltherapie schlug sein Verhalten dann aber in das genaue Gegenteil um.

In der Episode *Marge als Seelsorgerin* sehen wir in einer Rückblende in die siebziger Jahre das wahrscheinlich erste „Rendezvous" zwischen Ned und Reverend Lovejoy. Der Reverend ist gerade dabei, sein Büro einzurichten, als ein völlig aufgelöster Ned plötzlich bei ihm auftaucht:

Flanders: „Reverend, ich befürchte, mir ist etwas Furchtbares passiert."

Lovejoy: „Bitte setzten Sie sich und quackeln Sie mit mir, Bruder, denn dazu bin ich da."

Flanders: Also, man hat mich zu einem Tanz aufgefordert, der nennt sich *Bump,* und als ich meine Hüften geschwungen hab, da kam mein Hintern plötzlich in Berührung mit dem Hintern eines anderen jungen Mannes."

Man hat aus gutem Grund geschrieben, dass Ned Flanders die Personifizierung des direkten Einflusses der Religion auf die Auffassung von Ethik darstelle.[66] Philosophen würden ihn aufgrund seiner Überzeugung, dass moralisches Verhalten sich aus dem Befolgen der Gebote Gottes ergibt, als perfekten Theoretiker des göttlichen Willens bezeichnen. Für ihn bedeutet „moralisch richtig" ganz einfach „von Gott befohlen" und „moralisch falsch" „von Gott verboten". Punkt. Deswegen wendet er sich mit erdrückender Regelmäßigkeit an Reverend Lovejoy oder Gott, wann immer er sich in einem moralischen Dilemma – und sei es auch noch so klein – befindet (und sollte zufällig gerade kein ethisches Dilemma sein Leben als guter Christ erschweren, dann schafft er sich eben eins, was seinen komischen Effekt natürlich nie verfehlt). Wann immer er sein Seelenheil in Gefahr wähnt, greift er ohne zu zögern zum Hörer, um den Reverend anzurufen. Ob es mitten in der Nacht ist oder der Reverend gerade zu Tisch sitzt, spielt dabei natürlich keine Rolle. Das treibt Lovejoy dazu, auf eine grausame Art und Weise Rache zu nehmen: Er lässt seinen Hund – natürlich rein zufällig – sein Geschäft auf Flanders Rasen verrichten.

In der Episode *König der Berge* geht Flanders während des Kirchenpicknicks sogar so weit, den Reverend fragen zu wollen, ob er mit seinen Söhnen Rod und Todd[67] (beide Namen reimen sich vorzüglich auf *God*) „Erobere die Flagge" spielen darf. Aber der genervte Reverend lässt ihn gar nicht erst ausreden: „Verdammt, jetzt spielen Sie schon mit, Ned!"

Auch wenn der Reverend ausspannen und sich seiner geliebten Modelleisenbahn widmen möchte, lässt Flanders ihm keine Ruhe. In der Episode *Bei Simpsons stimmt etwas nicht* ruft er ihn an, um zu fragen, ob er die drei Simpson-Kinder selbst taufen dürfe, woraufhin der Reverend mit einer Gegenfrage antwortet, die sehr zu denken gibt:

Lovejoy: „Ned, haben Sie mal über die anderen Religionen nach-
gedacht? Die sind doch alle mehr oder weniger gleich."[68]

In einer anderen Folge macht sich Ned große Sorgen, weil einer seiner Söhne aufgrund von Homers schlechtem Einfluss anfängt,
Schimpfworte in den Mund zu nehmen (oder das, was er als solche
bezeichnet, ganz besonders das Wort „verdammt"). Der Reverend
bleibt zunächst ruhig und gibt ihm den weisen Rat, die ganze Sache
nicht zu ernst zu nehmen, bis ihm irgendwann der Geduldsfaden
reißt und er wütend den Hörer auflegt, natürlich nicht ohne ein befreiendes: „Verdammter Flanders!" Ein weiterer Anruf beim Reverend beweist, dass er den Sinn des sechsten Gebotes wohl nicht
ganz richtig erfasst hat: „Hallo, Reverend? Ich glaube, ich begehre
meine eigene Frau!" Kein Wunder also, dass der arme Ned, als ein
furchtbarer Hurrikan sein Haus zerstört, während alle anderen
Häuser wie durch ein Wunder unversehrt bleiben, in eine tiefe
Glaubenskrise stürzt und Gott zur Rechenschaft zieht: „Warum ich,
o Herr? Welchen Fehltritt habe ich begangen? Ich war immer nett
zu allen. Ich trinke nicht. Ich tanze nicht. Ich schwöre nicht. Ich
habe sogar koscher gelebt, um auf Nummer sicher zu gehen.[69] Ich
hab alles getan, was in der Bibel steht, selbst den Mist, der an anderer Stelle widerrufen wird! Was kann ich denn mehr tun?" [Episode
4F07, *Der total verrückte Ned*, A. d. Ü.]

Es handelt sich hier offensichtlich um eine Parodie der Reden
des Ijob, der Gott sein Leid klagt und gleichzeitig seine Unschuld
beteuert (wie es auch Ned tut[70]). Und genau das ist der springende
Punkt. Ned glaubt, perfekt sein zu können und dass diese Perfek-
tion ihm als Rechtfertigung diene. Das erinnert mich an das
Gleichnis über den Pharisäer und den Zöllner (Lk 18,9–14), mit
Ned in der Rolle des Pharisäers und Homer natürlich in der des
Zöllners (derselbe Homer, der Ned, in der Episode *Homie und Ned-
die*, sogar gegen die Beschimpfungen der Gemeinde verteidigt:
„Dieser Mann hat mir immer gleich all seine anderen Backen hin-
gehalten!").

Die Kunst des eigenständigen Denkens gilt in Flanders' Lebens-
einstellung im Grunde als ein zubuchbares, aber nicht zwingend
erforderliches Extra. In jeder minimal strittigen Angelegenheit –
und sei sie auch noch so banal – ist es sicherer (und bequemer …),

das passende göttliche Gebot zu Rate zu ziehen und damit jede persönliche Verantwortung von sich zu schieben. „Sein Glaube ist so blind wie umfassend, und er fährt wie von einem moralischen Autopiloten gesteuert durch das Leben."[71]

Nicht selten stellt er seine (angeblich) religiösen Werte sogar über die menschlichen. In der bereits erwähnten Episode *Bei Simpsons stimmt was nicht* nimmt das Jugendamt Marge und Homer aufgrund einer Reihe von Missverständnissen die Kinder weg und gibt sie in die Obhut der Flanders. Sie müssen erst einen Kurs für verantwortungslose Eltern erfolgreich absolvieren, um sie wieder zu bekommen. Während Maude derweil die ganze Doppelmoral einer zweifelhaften Religiösität an den Tag legt („Ich verurteile Homer und Marge nicht. Das überlassen wir lieber dem Rachegott."[!]), sind die kleinen Simpsons im Bibelquiz allen anderen unterlegen (Ned nennt das Spiel zunächst *Bombardierung*, um die Aufmerksamkeit der Kinder zu gewinnen, und fügt dann hinzu: ... *mit biblischen Fragen!*) und sorgen für reichlich Aufregung, weil sie nicht wissen, wer oder was die Giftschlange von Rehoboam[72] ist. Irgendwann – nachdem sie festgestellt haben, dass im Hause Flanders „alles einen widerlichen Pat-Boone-Heiligenschein" um sich hat – müssen sie zugeben, nie getauft worden zu sein (was mich, ehrlich gesagt, ein wenig wundert, angesichts der Regelmäßigkeit, mit der sie den Gottesdienst besuchen). Und auch diesmal beweist Ned, dass er päpstlicher als der Papst ist und beschließt, auch ohne die Unterstützung des Reverend – der Neds penibler Genauigkeit gegenüber eine immer größere Gleichgültigkeit entwickelt – die Namen der drei armen Kinder in die *Flanders Bible*[73] einzutragen, die ja sonst die ewige Verdammnis erwarten würde. Sie fahren sofort zum Fluss (er will es wohl „besonders richtig" machen und setzt deshalb auf die Flusstaufe, so wie es in den frühen Christengemeinden üblich war und wie es die Baptisten heute noch tun). In der Zwischenzeit haben Marge und Homer den Kurs erfolgreich absolviert und kehren nach Hause zurück, wo sie von Neds Vorhaben erfahren. Rasend vor Wut eilen sie zum Fluss, wo ihnen Bart und Lisa direkt um den Hals fallen, während die kleine Maggie im ersten Augenblick zögert (wahrscheinlich aufgrund der großen Zuwendung, die ihr „neuer" Papa ihr geschenkt, der leibliche ihr dagegen immer versagt hatte). Aber schließlich erblickt sie Marge und läuft in ihre Arme. Die Episode endet mit einer merkwürdigen Szene:

Bart: „Ach, Dad! Du hast dich für mich taufen lassen! Was ist das für ein Gefühl?"
Homer: „Ach, Bartolomäus, ich fühle mich wie der Hl. Augustin von Hippo nach seiner Konvertierung durch Ambrosius von Mailand."
Flanders: „Augenblick mal, Homer. Was hast du da gesagt?"
Homer: „Ich sage nur: Halt sofort die Klappe, Flanders!"

Flanders ist im Grunde der lebende Beweis dafür, wie mehrdeutig und heikel die vor ungefähr zwanzig Jahren von der Religionssoziologie verkündete so genannte *Rache Gottes*[74] ist. Man müsste sich eigentlich noch viel eingehender als sonst damit beschäftigen, von *was für einem* Gott überhaupt die Rede ist. Oft handelt es sich trotz der fortschrittlichen Technologie, derer sich seine Anhänger (Ned mit eingeschlossen) bedienen, um einen absolutistischen und prämodernen Stammesgott. Ein Gott mit einer paradoxen Bereitschaft zum Blutvergießen, der nationalistisch ist und noch dazu unfähig, mit der vorangeschrittenen Völkervermischung zurechtzukommen, die das zwangsläufige Ergebnis einer Reihe von international verbreiteten Phänomenen ist. Dazu gehören z. B. Reisen, neue Kommunikationsmöglichkeiten, Migrationsströme als Folge (immer noch) erschreckender Missverhältnisse, mangelndes Zugehörigkeitsgefühl und instabile soziale Beziehungen, die nicht mehr so stark und von Dauer sind wie früher (als für die Ehe und den Glauben tatsächlich noch galt: *bis dass der Tod uns scheidet*). Um es mit einem Wort zu beschreiben: ein *fundamentalistischer* Gott. In diesem Sinne warnt der Philosoph Umberto Galimberto davor, sich von den riesigen Menschenmengen täuschen zu lassen, die sich um den Papst scharen oder an ihren Fernsehbildschirmen kleben und gebannt den TV-Predigern aus Übersee zuhören oder die den apokalyptischen Sekten folgen, die wie Pilze aus dem Boden schießen. Mehr als um die *Rache Gottes* handle es sich um sein letztes Aufleuchten vor seinem endgültigen Untergang, denn „die Weltordnung, die sich einst nach seinen Geboten richtete, wird heute von den eisernen Gesetzen der Technik bestimmt, denen jeglicher Bezug zu Gott fehlt. Sie haben nicht nur seinen Namen vergessen, sondern auch jede Spur von ihm, seinem Sinn und seinem Ursprung verwischt."

Sind wir zu weit gegangen? Ich glaube nicht, denn jemanden zur Taufe zu zwingen – sei es auch aus noch so noblen Gründen, wie jemandem das ewige Heil sichern zu wollen – ist doch die Vorstufe eines jeden Zwangs und schmälert unweigerlich die Wirkungskraft der göttlichen Barmherzigkeit. Schließlich wurden „im Namen *des Guten*" die *Twin Towers* zerstört und viele Kriege geführt (Letzteres gilt sowohl für die Vergangenheit als auch für heute).

8
Der Vater eines Clowns

Werfen wir nun einen Blick auf einige Episoden, die die religiösen Ansichten der gelben Familie etwas stärker beleuchten. Es können natürlich nicht alle berücksichtigt werden, denn es wären zu viele, aber zumindest diejenigen, die – nach dem unanfechtbaren Urteil des Autors – Beispielcharakter besitzen.

Die offizielle Simpsons-„Bibel"[75] beschreibt die Episode *Der Vater eines Clowns* als eine der bewegendsten der gesamten Serie. Sie ist darüber hinaus auch eine der für unsere Überlegungen beispielhaftesten. Im Mittelpunkt dieser Folge steht Krusty, der Clown mit den grünen Haaren, die sinnbildliche Verkörperung des *Showbiz* mit all seinem Elend (Krusty ist Analphabet), seinem Wahnsinn und seiner Widersprüchlichkeit. Während eines Abendessens bei den Simpsons erzählt Krusty über eine dunkle Seite seines Lebens, von der bis zu diesem Zeitpunkt weder die Zuschauer noch seine Gastgeber auch nur die geringste Ahnung hatten: Er wurde vor vielen Jahren von seinem Vater, Rabbi Krustofski, verstoßen, weil er nicht in dessen Fußstapfen treten, sondern stattdessen lieber den unsicheren und laut seinem Vater unseriösen Clownberuf ergreifen wollte.

Krusty (der bei dieser Gelegenheit auch seinen wahren Namen verrät, nämlich Herschel) spricht sehr offen über seine schmerzliche Vergangenheit, die er selbst nach so vielen Jahren nicht überwunden hat, und auch wenn er sich nach außen hin gern stark und unnahbar gibt, können Bart und Lisa an seiner großen Niedergeschlagenheit doch erkennen, dass er alles dafür geben würde, sich endlich wieder mit seinem Vater zu versöhnen. Lisa und Bart stellen Nachforschungen an und schon bald sind sie im Besitz von Rabbi Krustofskis Adresse, der – wie es der Zufall will – zusammen mit Reverend Lovejoy eine Radiosendung leitet, in der Fragen zum Thema Religion beantwortet werden (*Plaudern über Gott*). Als die beiden ihn in seinem Büro aufsuchen, leugnet der strenge Krustofski jedoch, jemals einen Sohn gehabt zu haben, und knallt ihnen die Tür vor der Nase zu. Lisa und Bart, die nun endgültig das „Helfersyndrom" gepackt hat, machen es sich zur Aufgabe, ihn zur Vernunft zu bringen – koste es, was es wolle! Und so suchen sie im *Talmud* nach einer Lösung und stören den Rabbi sogar während einer Beschneidung ... aber es ist alles umsonst. Dass der Rabbi die Entscheidungen seines Sohnes nicht gutheißt, hängt nicht zuletzt auch mit seinem Motto zusammen: „Das Leben ist kein Spaß, sondern todernst!" Erst dank einer Zeile aus einem Lied von Sammy Davis jr. schafft es Bart, den Rabbi dazu zu bringen, seinen Fehler gegenüber Herschel einzusehen. Auf die glückliche Wiedervereinigung folgt dann selbstverständlich ein gemeinsamer Auftritt in der *Krusty-Show* (wie man sieht, sind sentimentale *Herzschmerz*-Sendungen à la *Nur die Liebe zählt* keineswegs nur unserem schönen Land vorbehalten).

Das zentrale Thema dieser Episode ist also das Bedürfnis, Sohn zu sein, das heute größer denn je ist, gleichzeitig aber auch unbefriedigt bleibt, hat doch die Soziologie in den vergangenen Jahren eingehend über den Tod der Vaterfigur berichtet, über ihr komplettes Verschwinden und über die Beobachtung, dass diejenigen, die diese Rolle übernehmen sollten, zunehmend „weiblicher" werden. Das zeigt sich nicht nur in der schwierigen Beziehung zwischen dem alten Gelehrten der Thora und seinem Sprössling, sondern auch in der folgenden scharfzüngigen Antwort, die Bart seinem Vater gibt:

Homer: „Junge, du musst nicht unbedingt in meine Fußstapfen treten."
Bart: „Keine Sorge, ich benutz ja nicht mal gern das Bad nach dir!"
Homer: (*würgt ihn*) „Arrrgh, du kleiner ...!"

Die eine, als gesichert geltende Errungenschaft der 68er-Generation ist die, dass Vater- und Mutterfigur jeglicher Autorität beraubt worden sind. Deswegen denken unsere Kinder nicht im Traum daran, wie ihre Eltern zu werden. Und das ist auch gut so! In der aktuellen Debatte wird besonders über die Figur des Vaters diskutiert: Er gibt seinen Namen weiter, genießt den Respekt der Gruppe, steht für körperliche Kraft und sorgt für den Zusammenhalt der Familie. Sein Schicksal richtet sich nach diesen Werten, die auf der „sozialen Beliebtheitsskala" leider immer tiefer fallen.[76]

Und vielleicht haben sich noch nie so viele Bücher und Filme mit Geschichten über die Suche nach der Vaterfigur beschäftigt wie in den letzten dreißig Jahren: von den *schrecklichen* Vätern, den Diktatoren des 20. Jahrhunderts, Hitler und Stalin inbegriffen, bis hin zu den väterlichen *Witzfiguren* der bereits erwähnten 68er-Generation und der damaligen jugendlichen Revolte.[77] Was passiert aber, wenn man nach vielen Jahren auf die eigene Kindheit zurückblickt und erkennt, welch hohen Preis man für diese Art der Ablehnung bezahlt hat? Wie oft wurden Gefühle verletzt, Gelegenheiten verpasst ... Und so kommt auch für Krusty, den unbestrittenen König der lokalen Produktwerbung, der ein hemmungsloses und verschwenderisches Leben führt (was Frauen, Alkohol, Zigaretten und Glücksspiel angeht, lässt er es sich an nichts fehlen ...), der Moment, auf sein Leben zurückzuschauen, wohlgemerkt: ohne dabei etwas von seiner eingefleischten unmoralischen Lebensweise zu leugnen oder seine beruflichen Entscheidungen zu überdenken (die Ursache für den bösen Streit mit dem Vater war ja seine Entscheidung, Clown zu werden, durch die er eine lange Familientradition gebrochen hatte. Während des besagten Abendessens erklärt er: „Mein Vater war ein Rabbi und sein Vater war auch ein Rabbi und sein Vater ... na, ihr wisst schon ...“). Aber Vorsicht, es handelt sich hier nicht um das, was das klassische Judentum *teshuvah*, also die reumütige Umkehr eines Sünders, nennt. Der Clown bereut nichts von alledem, was er in seinem – nicht ganz tadellosen – Leben getan hat. Man könnte darin auch eine mögliche Interpretation der komplexen Beziehung zwischen Judentum und Moderne sehen. Nach der klassischen Variante bedeutet dies die totale Ablehnung der Moderne, die hier vom Rabbi verkörpert wird, der unerbittlich an den Traditionen festhält und durch die Widrigkeiten des Lebens eine eisige Herzenshärte entwickelt hat.

Das *Happy End* zwischen Vater und Sohn, welches nach den vielen gescheiterten Vermittlungsversuchen von Lisa und Bart fast unmöglich schien, stellt somit einen Hoffnungsschimmer dar (*Bart*: „Wir wollten mit Ihnen über Ihren Sohn reden." *Rabbi*: Ich habe keinen Sohn!" *Bart*: „Jetzt haben wir den weiten Weg gemacht und dann ist es der Falsche!" *Rabbi*: „Im übertragenen Sinn!"). Trotz allem ist es dennoch möglich, miteinander zu reden, zu kommunizieren, einander gern zu haben – auch wenn man unterschiedliche Lebensvorstellungen hat. Und so klingt das Lied, das Krusty am Ende seiner Show singt, fast schon wie eine Ode auf den Geist der Freundschaft und auf die wiedergefundene *concordia discors*: „Es hat riesig, riesig, riesig, riesig Spaß gemacht/ aber jetzt ist's Zeit zu geh'n/ und wenn der alte Clown hier morgen tot vom Hocker kippt/ gibt es im Himmel bestimmt ein Wiedersehen!"

In der Episode *Krustys Bar Mitzvah* (FABF01) erfährt Krusty, dass er eigentlich kein richtiger Jude ist, weil er noch nie eine *Bar Mitzvah* hatte, ein Ritus, mit dem ein jüdischer Junge die religiöse Mündigkeit erwirbt. Er wendet sich an seinen Vater, Rav Krustofski, mit der Bitte, ihn wieder an seine jüdischen Wurzeln heranzuführen. Als Erstes erfährt er, dass er am Sabbat, dem jüdischen Ruhetag, nicht arbeiten und somit auch nicht in der Krusty-Show auftreten darf. Er beschließt, einen Gastmoderator zu engagieren („einen, der so schlecht ist, dass er mich nicht ersetzen kann ..."). Natürlich meldet sich Homer freiwillig als Ersatzmann und entgegen jeder Erwartung werden seine Auftritte ein voller Erfolg (nicht zuletzt auch dank seiner Co-Moderatoren Moe, Carl und Lenny). Währenddessen bereitet sich Krusty auf seine *Bar Mitzvah* vor, die selbstverständlich live im Fernsehen übertragen wird und für die er einen ganz besonderen Gast einlädt, den berühmten *Mr. T*.

In der jüdischen Tradition sind mehrere Elemente zu finden, die uns helfen können, Krustys berufliche Wahl nachzuvollziehen. Besonders in der chassidischen Bewegung innerhalb des Judentums wird die absolute Positivität einer gesunden Lebensfreude hervorgehoben. Es gibt im *Babylonischen Talmud* eine Geschichte über den Propheten Elia (die eschatologische Figur *par excellence*), die dies vorzüglich veranschaulicht.

Wer kommt in das Himmelreich?

Rabbi Baruka aus Chusa ging oft auf den Marktplatz von Lapet. Eines Tages erschien ihm dort der Prophet Elia, und Rabbi Baruka fragte ihn: „Gibt es unter all diesen Menschenmassen einen einzigen Menschen, der Anteil an der kommenden Welt haben wird?"

Elia antwortete: „Es gibt keinen."

Später jedoch kamen zwei Menschen auf den Marktplatz, und Elia sagte zu Rabbi Baruka: „Diese beiden werden Anteil an der kommenden Welt haben." Rabbi Baruka fragte die beiden Neuhinzugekommenen: „Was ist denn euer Beruf?"

Sie antworteten ihm: „Wir sind Clowns. Wenn wir jemanden sehen, der traurig ist, dann erheitern wir ihn. Wenn wir zwei Menschen sehen, die sich zanken, versuchen wir, sie wieder zu versöhnen."

Einst wird der Mensch Rechenschaft ablegen müssen über alles, woran sein Auge Gefallen gefunden, was er aber nicht genossen hat.

9
Ein gotteslästerliches Leben

Hier nun eine weitere wichtige Episode, auf die ich bereits Bezug genommen habe (Produktionscode 9F01), in der wieder einmal Homers gesamter Einfallsreichtum, seine Scham- und Taktlosigkeit zum Vorschein kommen.

Es ist Winter, und während Marge und die Kinder trotz der bitteren Eiseskälte tapfer in die Kirche gehen, beschließt Homer, zu Hause zu bleiben und all die Dinge zu tun, für die er sonst aufgrund seiner äußerst anstrengenden Arbeitswoche (naja, mehr oder weniger ...) nie Zeit findet. Er startet zunächst einen Angriff auf den Kühlschrank, auf der Suche nach den richtigen Zutaten für seine „patentierten, galaktischen, außerirdischen Mondwaffeln". Das Ergebnis ist natürlich pures Gift für seinen Cholesterinspiegel. Danach dreht er seine Stereoanlage auf und legt in Unterhosen eine flotte Sohle aufs Parkett. Er gewinnt in einem Radiogewinnspiel, schaut sich Football im Fernsehen an und als absolutes i-Tüpfelchen findet er auf dem Teppich einen Penny, der wohl irgendjemandem aus der Tasche gefallen sein muss. Eine Nahaufnahme des Geldstücks zeigt – nicht ganz zufällig – die Aufschrift: *In God we trust*.[78] Einer Art „Unartigkeitsrausch" verfallen, fragt er sich: „Ist heute *der* Glückstag meines Lebens?" (Indessen öffnet sich eine Gedankenblase und er lässt Bilder von seiner Hochzeit Revue passieren sowie von dem Tag, an dem er außer sich vor Freude in seiner Badehose um einen umgefallenen LKW herumtanzt, aus dem eine Bierfontäne sprudelt.) Als seine Familie von der Kirche nach Hause kommt, ist er mittlerweile davon überzeugt, dass es nichts Besseres gibt als seine neue Art, den Sonntag zu verbringen. Er eröffnet seiner schockierten Ehefrau, dass er von nun an den Gottesdienst nicht mehr besuchen und stattdessen nach seiner ganz persönlichen Religion leben werde (dies ist eine mehr als deutliche Anspielung auf die zahlreichen „Do-it-yourself-Religionen" in den Vereinigten Staaten). Natürlich versucht Bart (vergeblich), dem Beispiel seines Vaters folgen („Warum müssen wir in die Kirche und Dad darf sich weiter Zeichentrickfilme ansehen?"). Um seinen hedonistischen Lebenswandel zu rechtfertigen, bringt Homer sogar Jesus ins Spiel, auch wenn er sich nicht direkt an seinen Namen erinnern kann, sondern ihn nur als jemanden mit „langen Haaren und ziemlich außergewöhnlichen Ideen" beschreibt, der „nicht immer das gemacht hat, was andere für richtig hielten", und damit den richtigen Weg fand. Marge versucht mit allen Mitteln, ihn zur Vernunft zu bringen, und warnt ihn sogar: „Homer, zwing mich nicht, mich zwischen dir und meinem Gott entscheiden zu müssen. Da kannst du nicht gewinnen!" Sie ist enttäuscht und wütend: „Nicht zu fassen, dass du nicht mehr in die Kirche gehen willst, Homer! Du hast nicht mehr alle Tassen im Schrank!" Es ist aber sein etwas ungewöhnlicher Gebrauch des Postulats der Allgegenwärtigkeit Gottes, der sie endgültig sprachlos macht: „Was hat das für einen Sinn, jeden Sonntag in so ein albernes Gebäude zu gehen? Ist Gott nicht überall?" Natürlich erntet er von Bart, der immer noch versucht, sich seinem Vater anzuschließen, um mit ihm gemeinsam das Sofa hüten zu dürfen, riesigen Beifall („Amen, Bruder!").

Noch in derselben Nacht erscheint Gott Homer im Traum. Zunächst ist er verärgert, weil Homer seiner Kirche entsagt hat, aber dann zeigt er sich verständnisvoll, und bevor er wieder verschwindet, um „auf einer Tortilla in Mexiko" zu erscheinen, gesteht er Homer in einem kameradschaftlichen Pläuschchen, dass ihm Reverend Lovejoy auf die Nerven gehe, und erlaubt ihm, dem Gottesdienst fernzubleiben und ihn auf seine Weise zu verehren.

Homer: „Ich bin kein böser Mensch. Ich arbeite hart und liebe meine Kinder. Warum soll ich mir den halben Sonntag anhören, dass ich irgendwann doch zur Hölle fahre?"

Gott: „Hmm, das ist ein Argument. Mal ganz im Vertrauen, manchmal würde auch ich mir lieber ein Footballspiel ansehen. Hat St. Louis noch eine gute Mannschaft?"

Homer: „Die sind jetzt alle in Phoenix."

Und so macht er es am darauffolgenden Sonntag genauso und lässt Marge und die Kinder alleine in den Gottesdienst gehen, wo sie eine als Predigt getarnte Anklage gegen Homer über sich ergehen lassen müssen (auf dem Kirchenschild ist zu lesen: „Als Homer den Satan traf"). In der Zwischenzeit macht es sich Homer zu Hause mit seinen Schmuddelheftchen gemütlich und zündet eine Zigarre an (ausgerechnet er, der noch nie in seinem Leben geraucht hat!) und es bekommt ihm gar nicht gut! In dem Moment, in dem er einschläft, fällt die Zigarre auf den Boden, was einen Brand auslöst, der – wie ich bereits erwähnt habe – nur dank der gemeinsamen interreligiösen Anstrengungen seiner drei Freunde gelöscht werden kann. Lovejoy, der auch sofort dazukommt, erklärt ihm, dass Gott nicht gegen ihn ist, sondern in den Herzen der Menschen wohnt, die sein Leben und sein Haus gerettet haben.

Homer: „Gott ist rachsüchtig! Allmächtiger Boshafter, sag mir, wer gepeinigt werden soll, und er wird gepeinigt!"
Ned: „Homer, nicht Gott hat dein Haus in Brand gesetzt!"
Lovejoy: „Nein, aber er hat die Herzen deiner Freunde und Nachbarn aufgerüttelt, dir zu Hilfe zu eilen und dich zu retten. Seien es Christen [Ned], Juden [Krusty] oder sonstige *Andersgläubige* [Apu].
Apu: „Hindu! Wir sind siebenhundert Millionen!"

Homer beschließt daraufhin, seine neue Religion zu verwerfen und wieder in den Schoß seiner alten Kirche zurückzukehren, wo er bereits am nächsten Sonntag wieder zu den ersten sanften Klängen der Predigt einschläft ...

Zu dieser Episode hat sich auch der junge britische Philosoph Julian Baggini, Autor eines spannenden Buches über Atheismus[79] sowie Gründer und Herausgeber der Zeitschrift „The Philosophers' Magazine", in einem Interview mit der BBC geäußert: „Man könnte den Brand als Strafe Gottes für seine Abtrünnigkeit betrachten, aber das, was ihn verursacht hat, war nicht der Zorn Gottes, sondern Homers Hochmut und Arroganz, während er auf dem Sofa lag und bei sich dachte: ‚Nicht zu fassen, alle Menschen sind dumm, außer mir!' Er schläft ein und lässt dabei seine Zigarre fallen. Sein Fehler besteht darin, zu denken, dass er nichts mehr von anderen Menschen lernen könne." *Wie wahr!* Ähnlich ist es auch, als Homer in derselben Folge bemerkt, dass Apu, der Hindu, am

Sonntag auch nicht in die Kirche geht, sondern an diesem heiligen Tag sogar in seinem Kwik-E-Mart arbeitet. Als Homer ihn darauf anspricht, antwortet ihm dieser: „Aber ja doch! Ich habe einen Schrein für Ganesha, den Gott der weltlichen Weisheit. Der steht im Ruhesaal für die Angestellten."[80]

An Homers Reaktion erkennt man jedoch, dass er keinen großen Sinn für religiösen Pluralismus hat: Zunächst bietet er dem Gott Ganesha (der einen Elefantenkopf hat) eine Erdnuss an, und dann behauptet er zwar, Apu nicht beleidigen oder sich nicht über ihn lustig machen zu wollen, tut es dann aber ganz offensichtlich mit einem Spruch, bei dem der Zuschauer wie üblich nur völlig sprachlos mit dem Kopf schütteln kann („Nichts für ungut, Apu, aber als die Religionen verteilt wurden, warst du bestimmt pinkeln!").[81] Auch Krusty ist vor seinem religiösen Hochmut nicht sicher. Als er bei Homer klingelt, um Spenden für die geplante *Bruderschaft der jüdischen Clowns* zu sammeln („Letztes Jahr haben Tornados fünfundsiebzig jüdische Clownleben gefordert. Der schlimmste Vorfall ereignete sich bei unserem Treffen in Lubbock, Texas. Überall wirbelten schlabbrige Schuhe und bunte Perrücken herum. Es war furchtbar!"), wird Homer erst einmal misstrauisch und erkundigt sich, ob es sich um eine „religiöse Kiste" handle, und als der Clown dies bejaht, knallt er ihm die Tür vor der Nase zu. Er braucht nur noch seine eigene Religion und sonst nichts!

Eine ähnliche Botschaft finden wir auch in der Episode *Allein ihr fehlt der Glaube* (DABF02). Zu Beginn sehen wir, wie die zwei Herren des Hauses gemeinsam eine Modellrakete bauen wollen und es ihnen dank des Fachwissens von „Trotteln" und eines Hamsters als Astronaut schließlich gelingt. Aber die Rakete weicht vom Kurs ab und rast direkt in die Kirche hinein, die durch die Explosion erheblichen Schaden nimmt. Für die Reparaturen fehlt der Gemeinde das Geld und so muss sie wohl oder übel das Angebot von Mr. Burns annehmen, der für die Kosten zwar aufkommen möchte, aber nur unter der Bedingung, dass er die Kirche auf seine Weise leiten darf. Und so wird jeder freie Zentimeter für die Platzierung von Werbeplakaten und Spontankaufartikeln genutzt, die Kanzel mit einer Leuchtreklame versehen, und natürlich erwähnt Reverend Lovejoy während der Predigt ganz beiläufig die Namen der neuen Sponsoren. Dies alles ruft Empörung und Abscheu bei der kleinen Lisa hervor, die daraufhin die Kirche verlässt und sich auf die Suche nach einer neuen Gebetsstätte macht. In einem buddhistischen Tempel stößt sie auf zwei Freunde ihres Vaters, das Duo Lenny & Carl, die gerade mit niemand Geringerem als Richard Gere, dem berühmtesten Buddhisten Hollywoods, meditieren. Gere zieht Lisa sofort in seinen Bann, und nachdem sie die Broschüre über den Buddha-Dharma gelesen hat, die er ihr mitgegeben hatte, beschließt sie, von nun an als Buddhistin zu leben. Ihrer Familie bereitet diese Entscheidung große Sorgen. Homer und Marge versuchen, ihr Töchterchen mit weihnachtlichen Traditionen wieder für das *normale* Christentum zurückzugewinnen (unter anderem wollen sie ihr – angeblich – ein Pony schenken). Aber Lisa entkommt der „Weihnachtsfalle" und läuft in den Tempel, wo sie von Richard Gere erfährt, dass der Buddhismus auf die absolute Toleranz gegenüber anderen Religionen großen Wert legt. Und so kann sie Buddhistin sein und dennoch beten und das Christentum praktizieren. Und auch wenn dies bedeutet, dass sie nur ein Lippenbekenntnis zur Kirche ablegt, ist Homer zufrieden.

So bekommen wir schließlich, dank einer guten Portion Synkretismus und der regelmäßig betonten Achtung vor den religiösen Überzeugungen anderer, wieder unser *Happy End* …

Ich möchte noch einmal zum peinlichen Auftritt des Simpson-Familienoberhaupts angesichts der sich entwickelnden Multireligiosität in seiner Familie zurückkehren, denn er kann uns helfen zu verstehen, dass der Erziehung eine sehr wichtige Aufgabe zukommt, wenn es darum geht, Beziehungen zu unserem Umfeld aufzubauen. Sie kann uns helfen, mit den Menschen und den Dingen um uns herum auf kreative Weise zu interagieren, den Aufbau harmonischer Beziehungen zu fördern und voneinander zu lernen. Dies gilt allgemein natürlich für alle Bereiche des Lebens, aber auch und vielleicht ganz besonders für den der Religion, der in den letzten zwanzig Jahren auch hier in Italien tiefgreifende Veränderungen erfahren hat (während die USA eigentlich von Anfang an in einem offenen und anerkannten religiösen Pluralismus gelebt haben, wie Marge mit ihrem wundervoll unschuldigen und naiven Gebet bezeugt, das sie spricht, als ein schrecklicher Hurrikan über Springfield fegt [Episode 4F07]: „Lieber Gott, hier ist Marge Simpson. Wenn du den Hurrikan von uns nimmst und unsere Familie rettest, werden wir dir ewig dankbar sein und dich auch all unseren Freunden empfehlen"). Anders als vor nicht allzu langer Zeit würde heute ein Schnappschuss der Religionen sie als einen ständigen Prozess des Zustandekommens darstellen: „Man kann sich dafür entscheiden, Atheist zu sein, einer religiösen Glaubensrichtung zu folgen, zu einer anderen zu konvertieren oder seinen eigenen Weg durch die Religionen zu finden" (P. Berger). Alles scheint viel unübersichtlicher und unsicherer im Vergleich zu früher. Die Gläubigen fühlen sich im Allgemeinen freier, wenngleich dadurch auch weniger sicher in ihren geistlichen Überzeugungen. Die großen Kirchen scheinen verwundbarer und der Absolutheitsanspruch ihrer religiösen Botschaft wird grundsätzlich durch die Vielfalt der Alternativen, die uns umgeben, in Frage gestellt. Das Mosaik der Religionen wird von Tag zu Tag komplizierter und bringt Zweifel, Ratlosigkeit und nur selten auch Hoffnung hervor. Diesem tiefgreifenden Wandel im religiösen Umfeld „muss man in einem Anpassungsprozess mit einem neuen Erziehungs- und Bildungsansatz begegnen. Nur so können sich die Menschen mit den sozialen Umbrüchen unserer Zeit positiv auseinandersetzen".[82]

Noch bis vor kurzem lebten die meisten Menschen in Italien in einem recht eingegrenzten religiösen Umfeld, das gleichzeitig auch in ihr soziales Umfeld eingebettet war. Dadurch entstand ein sehr starkes – weil weitgehend ungestörtes – Bewusstsein für die eigene Identität und für die Unterschiede, die sie von Andersgläubigen trennten. Buddhisten, Hindus, Sikh, aber auch Muslime lebten in weit entfernten Ländern, in die nur wenige Touristen oder Gelehrte aus dem Westen reisten, und ihre religiösen Traditionen und Praktiken wurden als seltsam, exotisch und manchmal sogar nur als folkloristischer Brauch betrachtet. Die aktuelle aufgezwungene räumliche Nähe wurde darüber hinaus nicht von einer angemessenen Aufklärung oder einer gewissenhaften Informationsarbeit begleitet, während Ereignisse wie die des 11. Septembers 2001 gleichzeitig dazu beigetragen haben, ein kollektives Gefühl der Angst, des Misstrauens und des Verdachts zu verbreiten.

Es hat sich eine negative Sicht des religiösen Pluralismus herausgebildet: ein sinnloser Keil, eingerammt in das ruhige und ungestörte Bild der Gleichgültigkeit, der Apathie und der Säkularisierung, die allesamt hinter einer sauberen katholischen Fassade versteckt gehalten und vom Fundament des „Wir können nicht Nicht-christen sein" getragen wurden.

Angesichts solcher Entwicklungen scheint der Denkanstoß, den der gute Groening mit der Episode *Ein gotteslästerliches Leben* geben möchte, keinesfalls banal. Kein authentischer Dialog kann jemals auf der Grundlage des Verzichts auf die eigene Identität stattfinden (die weder ein Götze ist noch ein *Moloch,* sondern eine ständige Suche und ein kontinuierlicher Prozess des Werdens und Entstehens). Auch eine naive „Wir-haben-uns-alle-lieb-Politik" bringt uns nicht weiter, genauso wenig wie das Herunterspielen von Unterschieden, die nun einmal da sind und auch nicht verschwinden werden, weshalb man sie nicht als unbedeutend darstellen darf, sondern – wenn überhaupt – auf eine angemessene Art und Weise ansprechen, niemals aber dramatisieren sollte. Ein seriöser Dialog setzt schließlich Gesprächspartner voraus, die sich der eigenen Identität bewusst, ja sogar in sie verliebt sind! Der peruanische Schriftsteller Gustavo Gutierrez, Vater der Befreiungstheologie, schreibt: „Feste Überzeugungen zu haben ist kein Hindernis, sondern eine grundlegende Voraussetzung für den Dialog. Die Botschaft Jesu Christi nicht als persönliches Verdienst, sondern als Gnade Gottes für sich anzunehmen, steht dem Umgang mit Menschen, die andere Überzeugungen haben als wir, nicht nur nicht im Weg, sondern verleiht unserem Handeln erst seinen eigentlichen Sinn."[83]

Auch wenn es als widersprüchlich erscheint, bin ich dennoch der Überzeugung, dass wir anderen Menschen umso besser zuhören können, je tiefer wir in unseren eigenen Überzeugungen verwurzelt sind und je durchsichtiger unsere religiöse Identität ist.

Eine zweite Voraussetzung für einen fruchtbaren interreligiösen Dialog ist eine offene und einladende Haltung gegenüber anderen Religionen. Das ist der rote Faden, der sich durch das Zweite Vatikanische Konzil zieht und besonders in der Erklärung *Nostra Aetate* wiederzufinden ist, aber auch in allem, was danach folgte: von der bewussten Entscheidung für eine *Pädagogik der Gesten* von Johannes Paul II. (z. B. seine Umarmung mit Rav Toaff in der Großen Synagoge in Rom, der Weltgebetstag der Religionen in Assisi, sein andächtiges Gebet an der Klagemauer in Jerusalem und sein Gang barfuß durch die Moschee in Damaskus) bis hin zur *Charta*

Oecumenica, die gemeinsam von den christlichen Kirchen Europas in Straßburg verabschiedet wurde (2001). Sogar die Aufregung nach der Ansprache von Benedikt XVI. in Regensburg am 12. September 2006 könnte sich, langfristig betrachtet, (paradoxerweise) als positiver *Input* für den christlich-muslimischen Dialog herausstellen.[84] Wohlgemerkt, nur dann, wenn man vieles von dem korrigiert, was die allgemeine Einstellung und das Verhältnis zueinander in der Vergangenheit gekennzeichnet hat, wie z. B. Religionskriege, Kreuzzüge, Antisemitismus... „Eine solche Einstellung muss auch das vorrangige Ziel der Erziehung und Hinführung zu einem interreligiösen Dialog bzw. zu einem freundschaftlichen und verständnisvollen Zusammenleben mit Menschen anderen Glaubens sein. Sie rückt vornehmlich das Positive, Gute und Schöne in der anderen Religion in den Vordergrund, während die negativen Seiten eher zurücktreten. Damit verlegen wir den Schwerpunkt auf das, was uns eint, was Partnerschaft und Freundschaft befördert, nicht auf das, was uns trennt", schreibt Bruder Franco Sottocornola, der in Japan als Missionar tätig ist.[85]

Es handelt sich dabei um einen Weg, der sich als sehr lang, kompliziert und beschwerlich herausstellen könnte. Der Fall Regensburg zeigt uns: Man darf sich nicht allzu große Illusionen machen (aber genauso wenig darf man das Handtuch werfen, noch bevor man es ernsthaft versucht hat!).

Ich möchte *en passant* einige methodologische Hinweise geben, die diese Begegnung fördern sowie etwas entspannter und unproblematischer gestalten können. Allem voran sollte der interreligiöse Dialog im Bewusstsein und der Anerkennung heranreifen, dass diejenigen, die miteinander in einen Dialog treten, nicht die Religionen (also abstrakte Entitäten), sondern Frauen und Männer aus Fleisch und Blut sind, mit ihren Geschichten, Erfahrungen, Leiden, Hoffnungen, die so individuell und einzigartig sind wie sie selbst. Diese Prämisse ist keinesfalls eine Selbstverständlichkeit. Wie viele Fehler wurden in der Vergangenheit (und werden auch heute noch) aufgrund einer rein ideologischen und metaphysischen Betrachtung des anderen begangen![86] Ich möchte gar nicht erst damit anfangen, Beispiele zu nennen!

Als erste wichtige Grundlage müssen Begegnungen geschaffen und gefördert werden, und zwar in einem Umfeld, das den direkten und persönlichen Kontakt in den Vordergrund rückt. Außerdem wird es unabdingbar sein, dass die Gesprächspartner eine tiefe Kenntnis voneinander haben: auf intellektueller Ebene, indem man sich Wissen über die offiziellen Texte und Dokumente der Kirche und der Religionen aneignet (etwas *über* die Religionen lernen), und natürlich auch auf menschlicher Ebene, was schon beim aufmerksamen und ehrlichen Zuhören dessen, was der andere zu sagen hat, beginnt (etwas *von* den Religionen lernen). Gemeinsame Anstrengungen auf einem bestimmten Gebiet, z. B. die Bekämpfung sozialer Ungerechtigkeit und Diskriminierung, könnten zu einer engeren und überzeugenderen interreligiösen Beziehung beitragen (vor dem Hintergrund einer globalen Ethik, für die sich Hans Küng[87] ausdrücklich ausspricht). Von gemeinsamen Erfahrungen mit einem fruchtbaren Dialog Zeugnis zu geben wird für das Voranschreiten auf dem Weg des Dialogs wichtig sein, und ganz besonders auch für die Jugend, die vorgelebte Modelle mehr braucht als übermäßig viel Theorie: wenn möglich durch direkte Begegnungen, Besuche verschiedener Gemeinden, etc. ... Die Probleme, vor die uns Themen von solch offensichtlicher Komplexität heute stellen, können auch eine wertvolle Gelegenheit sein, über den Sinn der Radikalität des Evangeliums im Kontext des religiösen und kulturellen Pluralismus neu nachzudenken. Ohne nostalgisches Verlangen nach einer unwahrscheinlichen Rückkehr zur Christenheit und ohne „Flucht nach vorn", die jeder Verwurzelung und Substanz entbehrt. Meiner Meinung nach können es sich Christen heutzutage weder leisten, Unheil verkündende Propheten zu sein, noch, das aktuelle Geschehen friedlich zu loben. Sie sollen vielmehr Nachfolger von dem Jesus sein, der zu allen gesprochen hat und für jeden – ohne Ausnahmen – ein Wort des Trostes und der Hoffnung hatte.

Um einer gewissen intellektuellen Ehrlichkeit Rechnung zu tragen, müssen wir heute zugeben, „dass die Religionen ohne Dialog um sich selbst kreisen oder im Status quo verharren ... Entweder sie öffnen sich füreinander oder sie degenerieren" [eigene Übersetzung, A. d. Ü.].[88] Und außerdem gilt es zu erkennen, dass das, „was sich nicht regeneriert, degeneriert", wie Edgar Morin zu sagen pflegt. Wer weiß, ob sich nicht auch Homer, aufgrund dessen, was ihm widerfahren ist, „regeneriert"? Andererseits hätten Zweifel diesbezüglich durchaus ihre Berechtigung. In einer anderen Epi-

sode (AABF10 *Marge im Anmarsch*) hören wir ihn allerdings beten: „Jesus, Allah, Buddha ... ich liebe euch alle!" Purer Synkretismus oder wahre Theologie des religiösen Pluralismus?[89]

10
Bart verkauft seine Seele

Auch diese Episode (3F02) haben wir oben schon kurz angesprochen. Für unsere Zwecke ist sie mit Sicherheit eine der interessantesten, weil sie unmittelbar eines der klassischen Themen der christlichen Theologie anspricht, welches lange Zeit in eine nicht mehr einholbare Ferne gerückt zu sein schien: die Existenz der Seele.[90] Die Entwicklung und der Ausgang dieser Episode sind mitnichten als banal abzustempeln.

Im Mittelpunkt der Handlung steht der kleine Bart, der zynisch und jeglicher Form von Autorität trotzend beweisen will, dass die Seele, entgegen der Lehre der christlichen Theologie, nicht existiert. Dies ist übrigens nicht das erste Mal, dass er sich über mehr oder weniger ungewöhnliche theologische Fragen den Kopf zerbricht, wie z. B. sein angeregtes Interesse zeigt, als es in der Sonntagsschule um das Thema Paradies geht:

Bart: „Und was passiert, wenn ein echt guter Mensch, so wie ich, in eine echt üble Schlägerei gerät, und sein Bein kriegt einen Wundbrand und muss amputiert werden? Wartet es dann im Himmel auf mich?"
Lehrerin: „Zum letzten Mal, Bart: Ja!"[91]

Nachdem er durch einen seiner üblichen Tricks die Organistin der Kirche dazu gebracht hat, *In the Garden of Eden* zu spielen – einen Rock-Klassiker aus den sechziger Jahren –, und die Gemeinde andächtig *In-A-Gadda-Da-Vida*[92] singt, verkauft er seine Seele für fünf Dollar an Milhouse und ist davon überzeugt, den leichtgläubigen Dummkopf reingelegt zu haben ...

Milhouse: „Wenn man niest, dann ist das eine Seele, die zu entkommen versucht. Und mit dem Spruch ‚Gott segne dich' zwängt man sie wieder rein. Und wenn man stirbt, dann schwirrt sie raus und fliegt davon!"

Bart: „Du Trottel, jetzt mach' mal einen Punkt, Milhouse! So was wie eine Seele gibt's doch gar nicht! Die hat man nur erfunden, um Kindern Angst einzujagen. Wie den großen Buhmann, oder Michael Jackson!"

Zunächst ist Bart davon überzeugt, ein gutes Geschäft gemacht zu haben, aber dann ereignen sich eine Reihe von seltsamen Zwischenfällen: Die Haustiere, die anscheinend mit einer besonderen Sensibilität den Menschen gegenüber ausgestattet sind, richten sich gegen ihn; und sogar seine Lieblingssendung bringt ihn nicht mehr zum Lachen. Und so kommen ihm die ersten Zweifel ... Was geschieht mit ihm? Auch Lisa, die die Veränderungen bei ihrem Bruder bemerkt hat, ahnt Schlimmes, und so rennt Bart zu Milhouse, um sie sich zurückzuholen ... seine Seele! Der Preis ist in der Zwischenzeit aber gestiegen: Seine Seele ist mittlerweile fünfzig Dollar wert! Und die hat Bart natürlich nicht. Bei der Einweihung von Moe's neuem Familienrestaurant schafft es Lisa, mit einem „spontanen" und ganz auf die Seele ausgerichteten Tischgebet, Bart aus dem Lokal zu verjagen, der sich verzweifelt auf die Suche nach dem macht, was ihm fehlt. Es ist schon mitten in der Nacht, aber Bart denkt gar nicht daran, aufzugeben, denn er kann einfach nicht länger warten!

Als Bart Milhouse endlich findet, erfährt er, dass dieser nicht mehr im Besitz des kostbaren Stück Papiers ist, weil er es bereits beim Comichändler eingetauscht hat. Der wiederum hat es – als guter Geschäftsmann – ebenfalls weiterverkauft und weigert sich, Bart den Namen des neuen Eigentümers einer solch wertvollen Rarität zu nennen. Bart bleibt nichts anders übrig, als sich damit abzufinden und sich ins Gebet zu flüchten (einen Zufluchtsort, den er nur allzu selten aufsucht), bis ihm schließlich Lisa den Kaufvertrag übergibt, mit dem sie seine Seele zurückgekauft hat, und somit für ein überraschendes *Happy End* sorgt. Damit ist die Sache aber noch nicht erledigt, denn Lisa stellt ihn vor ein anderes Problem, nämlich ob es sich tatsächlich um eine *Rückgabe* handelt, da es Philosophen gibt, die behaupten, dass niemand mit einer Seele geboren wird, sondern dass man sie sich verdienen muss.

Diesbezüglich haben die Comic-Experten Stefano Gorla und Paolo Guiducci geschrieben: „Das ist ein einfaches, aber sehr gutes Beispiel dafür, dass Uneinigkeiten und Diskussionen über die Natur der Seele selbst in Cartoons nicht störend wirken, was wiederum ein Zeichen für ein allgemeineres, ununterdrückbares Bedürfnis nach Spiritualität ist, welches sich in jeder Form von Kunst einen Weg bahnt und zum Ausdruck kommt."[93]

Inhaltlich kann diese Episode außerdem mit zwei Folgen aus den *Halloween-Specials* verglichen werden (mit der vierten und der vierzehnten). In der ersten, *Der Teufel und Homer Simpson*, geht es wieder um Homer, der sich – zumindest körperlich – an seinem Arbeitsplatz befindet und nach einem Donut schmachtet, da seine Kollegen die ganze Schachtel aufgefuttert und nicht einen einzigen für ihn übrig gelassen haben. Er ist so verzweifelt, dass er sogar dazu bereit wäre, seine Seele (!) zu verkaufen, wenn er dafür nur sofort in den Genuss eines köstlichen Donuts kommen würde. Diesmal erinnert die Geschichte mehr an Goethes Faust, mit dem Teufel (hier in Gestalt von Ned Flanders), der augenblicklich in Erscheinung tritt (Hörner, langer Schwanz und Bocksbeine sind natürlich Pflicht), um dem gefräßigen Homer seinen Wunsch unverzüglich zu erfüllen.

Homer: „Ich würde meine Seele für einen Donut verkaufen!"
Flanders/
Teufel: „He, he, he, das lässt sich arrangieren!"
Homer: „Flanders! Du bist der Teufel?"
Flanders/
Teufel: „He, he, das ist immer der, von dem man es am wenigsten erwartet ..."

Noch in derselben Nacht, nachdem Homer den letzten Bissen des Donuts verschlungen hat, erscheint der Teufel, um seinen Lohn einzufordern. Wie immer wird es den weiblichen Mitgliedern der Familie überlassen (die auch die weiseren sind), sich zu widersetzen und einen fairen Prozess zu fordern. Obwohl er davon nicht begeistert ist („Ach, ihr Amerikaner mit euren Anhörungsverfahren und fairen Prozessen! Ha! In Mexiko ist das alles viel einfacher!"), willigt Satan/Flanders ein und beruft das Geschworenengericht der Verdammten ein, bestehend u. a. aus Präsident Nixon, John Dillinger und Blackbeard, dem Piraten. Marge schafft es mit einem leidenschaftlichen Plädoyer, die Geschworenen davon zu überzeugen, dass die Seele ihres Mannes schon immer ihr Eigentum gewesen sei und von sonst niemand, schon gar nicht das des Teufels (wenn überhaupt, dann könnte höchstens der Besitzer der *Duff*-Brauerei Ansprüche geltend machen ...)!

Im zweiten *Halloween-Special* (*Der Sensenwahnsinn*) taucht der Tod bei den *Simpsons* auf, in der klassischen Aufmachung mit langem schwarzem Mantel und der obligatorischen Sense, um Bart ins Jenseits zu befördern. Nach einer langen und ermüdenden Verfolgungsjagd gelingt es Homer schließlich, den ungebetenen Gast in letzter Sekunde mit seiner Bowlingkugel zu erschlagen, noch bevor dessen Sense den armen Bart endgültig erwischt. Und das Unglaubliche geschieht: Der Tod *stirbt*. Homer wirft seine Überreste in den Müll, zieht aber seinen Mantel an und wird daraufhin selbst zum neuen *Sensenmann*. Zunächst weigert er sich, diese undankbare Aufgabe zu übernehmen, wird dann aber dazu gezwungen und findet auch recht bald Gefallen daran. Er beginnt, seine Macht zu missbrauchen, z. B. um im Stadion bessere Sitzplätze zu bekommen. Eines Tages jedoch zeigt die Schriftrolle, die ihm jeden Tag eröffnet, für wen die letzte Stunde geschlagen hat, den Namen seiner geliebten Marge an. Natürlich hat Homer nicht die geringste Absicht, seine Frau zu töten, aber er muss seinen Auftrag erfüllen. Am nächsten Tag bringt er eine in Tücher gewickelte Leiche an einen hügeligen Ort in der Wüste, irgendwo in der Nähe von Springfield, und bittet Gott, ihn von dieser grausamen Berufung zu entbinden. Der HERR erhört ihn und gibt seinem Flehen nach. Als Gott jedoch Marges Körper in den Himmel auffahren lässt, bemerkt er, dass es gar nicht Marge ist, sondern ihre Schwester Patty, der Homer einfach nur Marges Haare auf den Kopf geklebt hatte. Gott wird daraufhin sehr wütend und verfolgt Homer (in Form eines Lichtstrahls), der auf einem Motorrad flüchtet, das ganz in der Nähe versteckt war. Homer gelingt es, Gott zu entwischen, indem er mit seinem Motorrad die Bahngleise ganz knapp vor einem heranrasenden Zug überquert: Gott gibt die Verfolgungsjagd daraufhin auf und gesteht, für so etwas mittlerweile zu alt (und zu reich) zu sein.

Es gibt verschiedene Möglichkeiten, das Verhalten der männlichen *Simpsons* in den zwei genannten Episoden zu deuten. Aufgrund der Tatsache, dass beide auf ihre Weise die Existenz der Seele bezweifeln, gleichzeitig jedoch mit Überzeugung und mit (naja ...) Begeisterung behaupten, Christen zu sein, kann man sie zu diejenigen zählen, die sich heutzutage in entsprechenden Umfragen zwar zum Christentum bekennen, gleichzeitig aber – in denselben Umfragen! – problemlos angeben, nicht an die Auferstehung der Toten, sondern vielmehr nach asiatischer Art an Reinkarnation oder irgendeine andere Form von Seelenwanderung zu glauben. Es gibt viele Menschen, die, ohne auch nur einen Gedanken an eine hypothethische religiöse Kohärenz zu verschwenden, in nicht unerheblichem Maß gleich zwei oder drei Religionen folgen und sich somit eine eigene Pseudoreligion schaffen. Auf der anderen Seite – wie Kardinal Martini, Erzbischof von Mailand, immer wieder betont – steckt in jedem Gläubigen auch ein Atheist, der zweifelt und dazu neigt, die so genannten Glaubenswahrheiten zu hinterfragen. Sieht es tief in Bart und Homer vielleicht genauso aus? Es stimmt zwar, dass der kleine Frechdachs sich leichtfertig seiner Seele entledigt und sich über alle, die sie für bedeutsam halten, lustig macht, aber dann betet er doch zu Gott (vielleicht sogar zum ersten Mal in seinem kurzen Leben), um sie wiederzubekommen. Wenn wir den Blick ausweiten, bedeutet dies: Es gibt nur eine Menschheit und in ihr leben Religion und Unglauben. Es ist wichtig, daran zu erinnern, dass es für Gläubige und (so genannte) Ungläubige gleichermaßen möglich ist, als Teil dieser Menschheit den Weg der Spiritualität zu beschreiten, natürlich nicht unbedingt in einem streng religiösen Sinn, sondern als tiefer innerer Weg, als Einhaltung der Verpflichtungen anderen Menschen gegenüber, als Wunsch, sich in den Dienst seiner Mitmenschen zu stellen, stets darauf achtend, aus jeder zwischenmenschlichen Beziehung das Schönste hervorzuheben. Zu lieblich für die *Simpsons*? Vielleicht, aber ... man soll dem Wohlwollen der Vorsehung keine Grenzen setzen! Es geht für alle darum, *der Erde und den Menschen treu zu sein*, menschlich zu leben und an die Liebe zu glauben, ein Wort, das heute viel zu häufig gebraucht wird, sodass oft nur eine sinnentleerte Hülle übrig bleibt. Dennoch ist es das einzige Wort, das der universellen menschlichen Sprache geblieben ist, um den *Ort* zu benennen, an den der Mensch sich berufen fühlt.

Enzo Bianchi, Prior der ökumenischen Gemeinschaft des Klosters Bose, betont schließlich immer wieder, es sei vernünftig, anzunehmen, dass es eine Spiritualität für Agnostiker und Ungläubige gebe, für diejenigen, die auf der Suche nach der Wahrheit sind, weil sie sich mit vorgefertigten Antworten und endgültigen Wahrheiten nicht zufriedengeben.[94] Da ist also auch für Bart und Homer noch ein Plätzchen frei ... aber wer hatte schon ernsthaft daran gezweifelt?

11
Homers merkwürdiger Chili-Trip

In Episode 3F24 weitet sich der religiöse Blick von Matt Groening & Co. bis zum *New Age*. Der Originaltitel ist interessanterweise nicht in englischer, sondern in spanischer Sprache und lautet: *El Viaje Misterioso De Nuestro Jomer (The Mysterious Voyage of Our Homer)*. Gleich zu Beginn wird der Zuschauer, wie so häufig, mit Homers allzu menschlicher Schwäche konfrontiert, der einfach nicht widerstehen kann, wenn es darum geht, irgendeinen seltsamen Rekord im „Essen-in-sich-Hineinstopfen" aufzustellen. Derweilen wird Marge, die immer kurz davor ist, *honoris causa* bei den *Desperate Housewives* von Springfield aufgenommen zu werden, umso nervöser, je näher der von ihr gefürchtete Tag des Chili-Kochfestes heranrückt. Sie befürchtet, dass sich Homer wieder so daneben benehmen könnte wie im Jahr zuvor, als er sturzbetrunken und im Adamskostüm in die Zuckerwattemaschine geklettert war. Marge versucht mit allen Mitteln, ihn davon abzubringen, auf das Fest zu gehen – leider erfolglos. Sie begleitet ihn schweren Herzens, aber zuvor muss Homer ihr hoch und heilig versprechen, keinen Tropfen Alkohol zu trinken und sie diesmal nicht zum Gespött der gesamten Stadt zu machen. Beim Wettbewerb ist Homer von dem wenig scharfen *Chili* der Teilnehmer enttäuscht, doch dann kommt er zu Chief Wiggums Stand, der *die erbarmungslosen Pfefferschoten von Quetzlatacatechenanmbo* in sein Chili gemischt hat („die werden tief im Urwald angebaut, von den Insassen einer guatemaltekischen Irrenanstalt"). Das entscheidende Duell zwischen Homer und Wiggum wird effektvoll von der bekannten Melodie aus *Zwei glorreiche Halunken* eingeläutet, und Homer beginnt, eine Chilischote nach der anderen zu verschlingen. Diese entfalten sehr bald darauf ihre Wirkung, und Homer beginnt zu halluzinieren.

Seine stark verzerrte Wahrnehmung der Wirklichkeit führt ihn auf eine aztekische Pyramide, wo ihm ein von einer mystischen Aura umgebener Kojote erscheint, der behauptet, sein Schutzengel zu sein. Er schenkt Homer wahre Perlen der Weisheit à la Paulo Coelho („Klarheit ist der Pfad zum inneren Frieden") und weist Homer an, endlich seinen Seelenpartner zu finden, wenn er ein vollständiger Mensch werden möchte.

Noch immer von der Wirkung der Pfefferschoten benommen, macht sich Homer auf den Weg nach Hause. Marge, die wir noch nie so wütend erlebt haben, wirft ihm vor, sein Versprechen nicht eingehalten zu haben. „Aber Liebling, ich war nicht betrunken! Ich war nur in einer fremden Phantasiewelt ..."

Nach diesem Streit ist Homer davon überzeugt, dass Marge nicht sein Seelenpartner ist. Er verlässt das Haus und zieht traurig durch die Straßen von Springfield („Allein! Ich bin allein! Ein einsamer, unbedeutender Klops auf einem sterbenden Planeten, umkreist von einer kalten, gleichgültigen Sonne!").

Selbst ein Abstecher in Moe's Taverne bringt keine Linderung für seinen Schmerz ...

Homer: „Hey, Barney, Seelenpartner! Darf ich dir ein Bier ausgeben?"

Barney: „Okay, aber ich bin nicht dein Seelenpartner. Ich bin eigentlich mehr dein Freund."

Homer: „Und was ist mit dir, Lenny?"

Lenny: „Ich bin dein Kamerad!"

Homer: „Carl?"

Carl: „Sagen wir, Kumpan."

Larry: „Kollege."

Sam: „Sympathisant."

Bumblebee Man: „Compadre."

Kearney: „Genosse."

Dr. Hibbert: „Ein Bekannter."

Moe: „Ich bin dir wohlgesinnt, weil ich nicht will, dass dir ein schlimmer Schaden zugefügt wird."

Als Homer an einen Leuchtturm gelangt, glaubt er, sein Ziel endlich erreicht zu haben. Der Leuchtturmwärter – „der einsamste Mensch der Welt" – würde ihn verstehen! Er schwimmt zum

Leuchtturm und muss zu seiner Enttäuschung feststellen, dass dieser von einem Computer gesteuert wird.

Inzwischen macht sich Marge große Sorgen um Homer und sucht ihn verzweifelt. Als sie ihn schließlich im Leuchtturm findet, entschuldigt sie sich dafür, ihm nicht geglaubt zu haben.[95] Und da haben wir es wieder, unser gewohntes *Happy End.*

Der gute Homer kommt wieder zur Vernunft und sieht endlich ein, dass nur Marge und sonst niemand seine Seelenverwandte ist.

Homer: „Ich bin überzeugt, wir haben ...“
Marge: „... ein tiefes, inneres, mystisches Verständnis!“
Homer: „Oh ja, das kann man wohl sagen! Ach, Marge, wir sind die Nummer eins! Wir sind die Nummer eins! Jetzt hab ich's dir gezeigt, Weltraumkojote!“
Marge: „Weltraumkojote?!?“

Die ganze Geschichte spielt sich vor dem schrillen Hintergrund der *Next Age*-Bewegung ab, eines extremen und individualistischeren Ablegers des *New Age*. Eine Bewegung, die sich keineswegs ziert, ihre Version der Heilsbotschaft im Kaufhaus der religiösen Überzeugungen anzupreisen und die Kunden mit *Workshops* und Wellnessangeboten zu locken. Sie passt sich außerdem hervorragend der immer stärker werdenden Wundersucht der Menschen an – eine falsche Auffassung des Göttlichen, deren Wurzeln weit in die Vergangenheit zurückreichen und von der auch in den Evangelien an verschiedenen Stellen zu lesen ist („Er ist doch der König von Israel! Er soll vom Kreuz herabsteigen, dann werden wir an ihn glauben!“ Mt 27,42b). Es ist die Suche nach einem Gott, der *user friendly* ist. Seine Handhabung muss einfach und für den sofortigen Gebrauch (und Verbrauch) geeignet sein. Alles Eigenschaften, die üblicherweise auch der so genannten modernen *religiösen Erweckung* zugeschrieben werden: die Ablehnung übermäßiger Bürokratie, des existentiell Irrelevanten, zu vieler traditioneller und veraltet wirkender Predigten, um ihre Anhänger so weit und tief wie möglich in ihrem Inneren anzusprechen. Die gleichen Ideen finden wir in folgender Aussage von Franco Battiato, einem vielseitigen Künstler, dessen dichterisches Werk sich seit einiger Zeit in diese Richtung bewegt: „Ich habe eine mystische Verbindung zur Schöpfung, meine Idee des Göttlichen ist meine Suche. Ich habe mir nie etwas anderes vorgestellt als das, was ich auch erlebt habe. Ich bin also weder Moslem noch Hindu noch Katholik [...]. Meiner Meinung nach ist Religiösität, die Beziehung zum Göttlichen, nur als private und intime Angelegenheit möglich. Ich misstraue Religionen, die nur auf eine Institution reduziert werden, und Menschen, die dich bekehren wollen [...]. Ich glaube dagegen an die Meditation, die Sammlung, das Schweigen."[96] Wenn es gar nicht anders geht, dann eben mit ein bisschen Unterstützung durch ein Halluzinogen, das die Abwehrmechanismen gegen das Neue abschwächt. So, wie es Homer widerfahren ist, der ungewollt Zeuge einer holistisch-spirituellen und belebenden Erfahrung geworden ist (obwohl ich bezweifle, dass er es so bezeichnen würde). Aber zumindest hat sie ihm geholfen, zu den wichtigen Dinge des Lebens zurückzufinden und seine geliebte Frau wieder in die Arme zu schließen, die ein lebendes Symbol für die beruhigende und Vertrauen erweckende Seite des *üblichen* Gottes ist; und für das übliche, spritzige Familienleben ...

Es gibt ein Buch, das uns unter diesem Aspekt bei unseren Überlegungen weiterhelfen könnte. Es heißt: *Die Zukunft des Christentums*.[97] Der Autor, Philip Jenkins, ist Professor für Religionswissenschaften an der Pennsylvania State University und hat mehrere bedeutende Werke verfasst, wie z. B. *Mystics and Messiahs* (2000), *Hidden Gospels* (2001) und *The New Anti-Catholicism* (2003). Jenkins zufolge ist heute eine tiefgreifende Veränderung in der Geschichte der Religionen im Gange, eine leise Veränderung, die das Christentum bereits im vergangenen Jahrhundert mit einer schrittweisen Verlagerung seines Schwerpunkts nach Süden erlebt hat: Afrika, Lateinamerika, Asien. Diese Tendenz wird in den kommenden Jahrzehnten um einiges offensichtlicher werden und das Christentum wird auf der ganzen Welt einen regelrechten *Boom* erfahren, auch wenn der allergrößte Teil der Gläubigen nicht aus Weißen, Europäern oder Euro-Amerikanern bestehen wird. Im Gegenteil – auf der Grundlage aktuell verfügbarer statistischer Daten prognostiziert der Autor, dass im Jahre 2050 nur ein Fünftel der drei Milliarden Christen (verschiedener Konfessionen, die jedoch immer einheitlicher werden) aus nicht-hispanischen Weißen bestehen wird. Dennoch sind heute die Kirchen des christlichen Südens für die Beobachter im Norden fast unsichtbar, und Samuel P. Huntington bezieht sich in seinem berühmten Bestseller (*Kampf der Kulturen. Die Neugestaltung der Weltpolitik im 21. Jahrhundert*),[98] der die Theorie des Kulturenkampfes in die aktuelle *Vulgata* eingeführt hat, stets auf das westliche Christentum, als könne es kein anderes geben.

Sehr interessant ist außerdem seine – rein hypothetische, versteht sich, aber deswegen nicht weniger plausible – Beschreibung des zukünftigen Christentums: Vom wirtschaftlichen Standpunkt aus betrachtet wird es eher arm sein, im Glauben, in der Lehre und der Moral konservativ und sehr stark am Übernatürlichen orientiert. Charismatiker, Apokalyptiker und Visionäre werden durch Wunderheilungen angezogen, genauso wie durch Exorzismen und traumähnliche Visionen, was bedeutet, dass der Großteil der Christen von morgen wohl aus Pfingstlern bestehen muss.

Abschließend möchte ich noch einmal auf Jenkins zurückkommen, der behauptet, dass die Tastsache, dass wir das Christentum als eine globale Wirklichkeit betrachten, dazu führen werde, dass wir das gesamte Christentum in einem völlig neuen und überraschenden Licht sehen werden, auch wenn es, sehr wahrscheinlich, kein angenehmes sein wird (weil es uns dazu zwingen wird, eine ganze Reihe von bereits akzeptierten Axiomen neu zu durchdenken): Man könnte sogar sagen, dass man das Gefühl haben wird, das Christentum zum ersten Mal zu sehen. Ein Christentum, das dem Schutzengel-Kojoten unseres *New-Age-Homers* mit Sicherheit gefallen würde.

12
Der Tag der Abrechnung

Lisa Simpson – das dürfen wir nie vergessen – ist ein kleines Mädchen, wenn auch ein sehr ungewöhnliches. Dafür, dass sie nur acht Jahre alt ist, besitzt sie eine außergewöhnliche Reife, aber wie alle anderen Kinder ihres Alters liebt auch sie es, sich Zeichentrickfilme anzuschauen, am liebsten auf dem Sofa ausgestreckt neben ihrem Bruder. Wenn sie etwas will, kann sie sehr quengelig werden. Ihr großer Traum ist es, ein Pony zu besitzen, sie denkt dabei jedoch nicht an die hohen Kosten, die ihren Eltern dadurch entstehen würden. Sie flunkert ab und zu und hat Angst vor Gespenstern (eigentlich merkwürdig, da sie doch sonst so rational denkt). Obwohl sie noch sehr jung ist, verkörpert sie in vielen Episoden die Stimme der Vernunft und das „Zeichen, dem widersprochen wird". Sie ist das Gegengewicht zum Mitläufertum, und nicht selten steht sie mit ihrer Meinung in Springfield (dessen Bewohner sich nur selten zurückhalten) alleine da. Unter einigen Gesichtspunkten repräsentiert Barts kleine Schwester den *American dream*, der nicht untergehen will und dank dem sich mehr als nur eine Generation in den Mythos Amerika verliebt hat. (Man denke dabei nur an Francesco Guccini [ital. Liedermacher, A. d. Ü.]). Lisa ist leidenschaftliche Blues- und Jazzmusikerin sowie eine frühreife, aber überzeugte Umweltschützerin. Sie vertritt die Reinheit pazifistischer Ideale und ihr Vegetarismus ist genauso radikal wie unantastbar.

Exemplarisch für die Darstellung ihres Charakters ist Episode 5F05, in der der unheilbare Konflikt zwischen wirtschaftlichen und kulturellen Interessen in der postmodernen Gesellschaft besonders hervorsticht. Alles beginnt, als sich herumspricht, dass ein neues Einkaufszentrum in Springfield – dem x-ten *Nicht-Ort*, würde der Anthropologe Marc Augé[99] sagen – auf der Säbelzahnwiese, einer archäologisch wertvollen Stätte, gebaut werden soll.

Lisa befürchtet, dass die eventuell dort noch liegenden Fossilien zugepflastert werden könnten, und beschwert sich sofort bei den Verantwortlichen über den Bau des Mega-Einkaufszentrums. Diese erlauben Lisa, archäologische Ausgrabungen durchzuführen, um ein letztes Mal sicherzustellen, dass dort keine prähistorischen Versteinerungen mehr zu finden sind. Zunächst bleiben die Ausgrabungen erfolglos, doch als alle anderen die Hoffnung, etwas Interessantes zu finden, bereits aufgegeben haben, ist es Lisa, die – wie in einem *Remake* des Films *Jäger des verlorenen Schatzes* – auf etwas Seltsames stößt, das aussieht wie das Skelett eines Engels. Während die anderen Stadtbewohner noch darüber diskutieren, wer den Fund behalten darf, hat ihn Homer schon längst auf seinen Wagen geladen und bringt ihn zu sich nach Hause. Dort stellt er das engelförmige Skelett in seiner zum Museum umfunktionierten Garage aus, wo es jeder bewundern darf – aber natürlich nicht, ohne vorher 50 Cent Eintritt bezahlt zu haben. Die Einzige, die davon überzeugt ist, dass es sich bei dem Skelett nicht um die Überreste eines himmlischen Wesens handelt, ist natürlich die skeptische Lisa. Doch sie braucht Beweise, und deshalb bricht sie ein kleines Stück vom Skelett ab und übergibt es einem Experten zur wissenschaftlichen Analyse. Auch wenn diese zu keinem Ergebnis führt, stemmt sich der kleine Dickkopf weiterhin unbeirrt gegen die Leichtgläubigkeit ihrer Mitmenschen. Während sie ihre „entheiligenden" Ansichten sogar in der Fernsehshow *Smartline* vertritt (mit Kent Brockman, Springfields stoischem TV-Moderator, der ihr die stupide Frage stellt: „Ms. Simpson, wie können Sie Ihre Skepsis beibehalten im Angesicht der Tatsache, dass dieses Wesen wie ein Engel aussieht?"), starten die Bewohner Springfields einen Angriff auf die wissenschaftlichen Einrichtungen ihrer Stadt – eine wahre *Nacht voll Verwirrung und Verstellung* wie in „Die Verlobten" von Manzoni! Indessen verschwindet das Skelett auf mysteriöse Art und Weise aus der Garage der Simpsons. Als Homer es bemerkt, bricht er in lautes Schluchzen aus und ruft: „Oh nein! Das darf nicht wahr sein! Was sollen wir jetzt anfangen mit zehntausend Engel-Aschenbechern?" (Die Vermarktung des „heiligen Engels" war zu diesem Zeitpunkt schon weit vorangeschritten). Bart schlägt ihm daraufhin vor: „Dann werde ich eben Raucher!" Und Homer, mit einer Antwort, die den Zuschauer wie immer fassungslos macht: „Das würde ich dir auch raten!" [In der dt. Fassung die-

ser Episode wurde Homers Antwort „*You damn well better!*" allerdings mit „*Das lässt du schön bleiben!*" übersetzt, A. d. Ü.]

Um die Wahrheit zu sagen, zeichnen sich auch die restlichen
Stadtbewohner nicht gerade durch ihren Scharfsinn aus, wie folgende Szene zeigt:

Lisa: „Das ist ganz bestimmt kein Engel!"
Moe: „Ach nein?! Aber wenn du so sicher bist, was es nicht ist,
           dann sag uns doch, was es ist!"
Lisa: „Naja, vielleicht ist es ein ... ein ... ein Neanderthaler, der
           von zwei wütenden Fischen gebissen worden ist!"
Ned: „Lisa, ich habe das Gefühl, du versuchst dich zu wehren,
           uns was zu erklären."
Wiggum: „Ja, mit Engeln kennen wir uns aus, aber wer hat schon
           mal was von einem ,Neanderthaler' gehört?"

Am nächsten Tag wird das Skelett auf einem Hügel wiedergefun-
den (*Lenny*: „Oooh, glaubst du, dass der hier raufgeflogen ist?"
Moe: „Er ist bestimmt nicht auf einem Zebra hier raufgeritten!"). In
einen Stein wurde außerdem eine Botschaft eingemeißelt: „Das
Ende kommt bei Sonnenuntergang". Die ganze Stadt versammelt
sich um den Engel, und es herrscht eine bedrückende Untergangs-
stimmung. Als die Sonne untergegangen ist, fängt das Skelett an zu
schweben und eine mächtige Stimme verkündet in der Tat das
Ende... etwa der Welt, wie in den angsterfüllten Augen jedes Einzelnen zu lesen ist? Oh nein, das Ende hoher Preise, und zwar durch
die Eröffnung des „Einkaufszentrums auf den himmlischen Hü-
geln"! Es stellt sich heraus, dass die ganze Engelgeschichte nichts
weiter als eine – sehr effiziente – „Publicity-Show" war!

Einen interessanten Interpretationsansatz lieferte diesbezüglich
Gad Lerner, der am 19. März 2008 in der Talkshow *L'infedele* (*Der
Ungläubige*, ausgestrahlt von dem italienischen Fernsehkanal La7)
mit seinen Gästen über die schwierige Frage „Glaubst du, dass Jesus
auferstanden ist?" diskutiert und dabei gleich zu Beginn den „skep-
tischen Blick der Simpsons" einbezogen hat. (Der Kritiker Aldo
Grasso schrieb am darauf folgenden Tag in seiner TV-Kolumne im
„Corriere della Sera", der Moderator „hätte einige Szenen aus einer
Episode zeigen können, in der sich die *Simpsons* Gedanken über

Religion machen: *The Father, the Son & the Holy Guest Star*, Staffel 16, Episode 21", auf die wir später noch zurückkommen werden.)

Es gibt natürlich noch weitere Folgen, in denen die *Simpsons* das Ende der Welt herannahen sehen. In Episode 2F02, *Tingeltangel-Bob*, will der frisch gewählte Bürgermeister und Ex-Sträfling Tingeltangel-Bob das Haus der Simpsons abreißen, weil es dem Ausbau der Matlock-Autobahn im Weg steht. Homer wird aus dem Schlaf gerissen, als die Bauarbeiten das Haus zum Beben bringen, und ruft geistesgegenwärtig dem Rest der Familie zu: „Aaah, das ist das jüngste Gericht! Schnell, schafft Bart aus dem Haus, bevor Gott kommt!" In *Die Simpsons – Der Film*, der 2007 in die Kinos kam, wird Grandpa Simpson während des Gottesdienstes „vom Heiligen Geist erfüllt" und verkündet eine furchtbare Prophezeiung – das Ende der Welt könnte bevorstehen: aber vielleicht nur für die Einwohner von Springfield. Und wer wird schuld dran sein? Natürlich Homer, wer sonst?

Einen weiteren, noch deutlicheren Bezug auf die Apokalypse finden wir in einer neueren Episode, die 2005 in den USA ausgestrahlt wurde. Sie ist ein Hinweis darauf, dass endzeitliche Themen immer mehr ins Bewusstsein der Menschen rücken, vor allem seit den Ereignissen des 11. Septembers. Die Episode trägt in der deutschen Fassung den Titel *Das jüngste Gericht* (Produktionscode GABF14). Der Originaltitel *Thank God It's Doomsday* spielt auf einen Film von Robert Klane aus dem Jahre 1978, *Thank God It's Friday*, an, der genauso berühmt wie überbewertet ist. In dieser Folge wollen Bart und Lisa sich die Haare schneiden lassen, also begleitet Homer sie in das Einkaufszentrum zum Kinderfriseur. Dort beginnen sie zu streiten und verpassen sich gegenseitig – jeder mit einem Haarschneidegerät bewaffnet – die schlimmsten Frisuren, die sie jemals hatten. Als sie den Friseurladen verlassen, werden sie von eifrigen Schülern, die Mitglieder des Fotoclubs sind, verfolgt und abgelichtet. Sie flüchten sich mit ihrem Vater durch den Hintereingang in ein Kino, wo sie sich den Film *Unten zurückgelassen* anschauen, der vom Weltuntergang handelt. Der Film lässt Homer nicht mehr los. Er ist davon überzeugt, dass das Schlimmste, d. h. das Ende der Welt, unaufhaltsam herannahe. Marge versucht ihn zu beruhigen und erklärt ihm, dass laut der Offenbarung erst bestimmte Zeichen geschehen müssten. Als Homer am nächsten Tag im Auto sitzt, glaubt er, alle Zeichen zu erkennen, von denen seine Frau gesprochen hatte, und verfällt nun vollständig dem Weltuntergangswahn. Er beginnt, Bücher zu lesen, und rechnet aus, dass *das Ende* am 18. Mai um 15:15 Uhr kommen werde, also sieben Tage später. Er verbreitet die Kunde in ganz Springfield und zitiert in einem Interview das Buch der Offenbarung (6,13). Vor dem *Ende* „werden die Sterne auf die Erde fallen". Als während einer Veranstaltung im Stadion von Springfield ein Unfall passiert und die *Stars* aus dem Prominenten-Zeppelin auf die Erde fallen, verleiht dies seinen Voraussagen plötzlich Glaubwürdigkeit. Homer steigt zusammen mit seinen Freunden in einen Bus und fährt mit ihnen auf den Springfield-Tafelberg. Als der von allen erwartete Moment kommt, geschieht gar nichts, und alle kehren zu ihrem alltäglichen Leben zurück. Später bemerkt Homer, dass seine Berechnungen falsch waren, weil er nicht bedacht hatte, dass auch Jesus (!) beim letzten Abendmahl dabei war. Also stellt er eine neue Gleichung auf und ist sich absolut sicher, dass ihm nur noch eine halbe Stunde bis zum endgültigen Weltuntergang bleibt. Da ihm niemand aus seiner Familie mehr glauben will, fährt er alleine zum Tafelberg. Die Apokalypse beginnt tatsächlich und Homer wird in den Himmel entrückt, aber er lehnt dort all das Schöne ab, das ihm angeboten wird, weil er ohne seine Familie nicht glücklich ist. Während einer Privataudienz bittet er Gott, auch den Rest seiner Familie in den Himmel zu holen, aber Gott schlägt ihm seine Bitte ab, und so beginnt Homer wütend, den Menschen im Himmel das Leben zur Hölle zu machen. Um dem ein Ende zu bereiten, bleibt Gott nichts anderes übrig, als sich damit einverstanden zu erklären, die Zeit zurückzudrehen und die Apokalypse zu verschieben.[100] Und so zollen auch die *Simpsons* der apokalyptischen *Nouvelle Vague* ihren Tribut, die in den Vereinigten Staaten in den letzten Monaten Bestseller wie *Die Straße* von Cormac McCarthy hervorgebracht hat, Musikalben wie *Year Zero* der Gruppe Nine Inch Nails, gegründet von Trent Reznor (es handelt sich um eine wahre Antiutopie über die nahe Zukunft), oder Filme wie *I Am Legend* nach dem gleichnamigen Roman von Richard Matheson. Nicht zu vergessen sind natürlich die Videospiele, Comics und, das sagte ich bereits, die gut vermarkteten TV-Serien.[101]

Lisas Position – sowohl in der oben genannten Episode als auch an vielen anderen Stellen – könnte ohne Weiteres mit der eines der scharfsinnigsten Religionssoziologen unserer Zeit, Peter Berger, verglichen werden (Lisa bekennt sich des Öfteren zum Buddhismus. Sie meditiert mit Richard Gere [s.o.], hilft ihrem Bruder, sich durch Zen-Meditation besser zu konzentrieren,[102] und darf als jüngste Buddhistin Springfields sogar den Dalai Lama begrüßen. Bei einem Vulkanausbruch bricht sie dann allerdings selbst in Panik aus und ruft: „Ich bete zu Buddha, Jesus, SpongeBob ... ich hab keine Zeit, wählerisch zu sein!"[103] [Episode FABF22, *Marges alte Freundin*, A. d. Ü]). Peter Berger ist Direktor des „Institute on Religious and World Affairs" der Boston University. Er besitzt umfassende Kenntnisse der großen religiösen Traditionen, die er zumeist vergleichend betrachtet, um ihre Gemeinsamkeiten und Unterschiede zu erforschen. Sein Tätigkeitsbereich umfasst hauptsächlich die große Herausforderung, vor die die Moderne und der Pluralismus die Religionen heute stellen, ob es ihnen gefällt oder nicht.

Was hat der christliche Glaube dem modernen Gewissen heute noch zu sagen? Woran glaubt ein Christ, der weder auf seinen Glauben noch auf die Vernunft verzichten möchte? Welche Spannungen und Hoffnungen erwarten einen gläubigen Menschen im Zeitalter der Pluralität und Komplexität: in einer Zeit, in der jeder (oder fast jeder), der sich für einen Glauben entscheidet, sich gleichzeitig der *Relativität* einer solchen Entscheidung bewusst ist? Das sind die zentralen Fragen, mit denen sich Berger beschäftigt, der auf seine Weise dem Christentum eine berufsbedingte *Skepsis* entgegenbringt.[104] Seine Denkweise (zweifelsohne *sui generis*) ist insofern *skeptisch*, als dass sie den Glauben nicht unbedingt voraussetzt. Auch fühlt sich Berger nicht an die Aussagen religiöser Autoritäten über den Glauben gebunden. Das bedeutet allerdings nicht, dass seine Argumentation schwach oder von allem losgelöst wäre: Auch wenn sein Beruf dem Zweifel Platz einräumt und von dem umfassenden Wissen und den Erfahrungen eines gebildeten Gläubigen geprägt ist, bleibt er dennoch ein christlicher Beruf, so unorthodox er auch sein mag. Es ist das typische Verhalten einer Person, die behauptet, katholisch zu sein (oder protestantisch, oder jüdisch, oder ...), „aber ... nur unter bestimmten Bedingungen". Im Übrigen hat Berger seine lutherischen Wurzeln nie verheimlicht. Er identifiziert sich mit der liberal-protestantischen Tradition (die auf Friedrich Schleiermacher zurückzuführen ist), die in der Wahrung des Gleichgewichts zwischen *Skepsis* und *Behauptung* die einzige Möglichkeit sieht, Christ zu sein, ohne dabei aus der Modernität herauszutreten.

Das Konzept der Skepsis führt zu einem Begriff, auf den Berger oft zurückgreift: *Häresie*. Sein Klassiker *Auf den Spuren der Engel*[105] ist einer der herausragendsten Beiträge zur Zustandsbeschreibung der Gläubigen in einer Gesellschaft, in der sowohl Pluralismus als auch Religionen weit verbreitet sind. *Hairesis* ist das griechische Wort für „Wahl". Wenn wir uns an den Autor halten, bedeutet das, dass ein Häretiker jemand ist, der eine Wahl trifft, aber dabei meistens innerhalb seiner Tradition bleibt. Eine Wahl erweist sich auch als unvermeidlich in einer Zeit, in der man, selbst was den Glauben betrifft, nichts mehr als selbstverständlich betrachten darf! Im Supermarkt der Moderne gibt es eine große Auswahl an Deutungen, darunter viele Religionen, die uns jeden Tag ihre Wahrheit und ihren Weg zur Erlösung anbieten. Der Glaubende wird also ständig dazu aufgefordert, über seinen Glauben nachzudenken, da sein Glaubensbekenntnis sonst unbedeutend und oberflächlich wäre. Der aktuelle religiöse Pluralismus, erklärt Berger, führt uns somit zurück zu den Anfängen des christlichen Glaubens, als Paulus von Tarsus auf der Agora in Athen predigte, wo unzählige Götter um die Gunst der Gläubigen wetteiferten. Wir sind also zu Zeitgenossen der frühen Christen geworden, für die der Glaube nur als bewusste Entscheidung möglich war und nicht als selbstverständliches Erbe angenommen werden konnte, so wie heute in Form eines Christentums, das endgültig ausgeschöpft scheint.

Genau darin besteht Lisas Skepsis. Für diese Suche, die von ihren Mitmenschen nicht verstanden wird, hat sie einen hohen Preis bezahlt. Sie ist natürlich dazu vorherbestimmt, mit den felsenfesten Überzeugungen eines Ned Flanders zusammenzustoßen. Es ist der alte Kampf „Wissenschaft gegen Religion", jeder mit gezogenen Waffen.

13
In den Fängen einer Sekte

Für eine Serie wie die von Matt Groening, die sich mit den verschiedenen Erscheinungsformen des Heiligen und Übernatürlichen beschäftigt, führt wohl kein Weg an dem Phänomen der so genannten *Sekten* oder NRB (Neue Religiöse Bewegungen), so die korrekte Bezeichnung in der Religionssoziologie, vorbei.[106] Er greift das Thema zwar in mehreren Episoden auf, aber nie so gezielt wie in der Episode *In den Fängen einer Sekte* (5F23), in der sowohl die zweifelhafte Natur als auch die Gefahren, die von solchen Gruppierungen ausgehen, hervortreten.

Alles beginnt, als Homer, Inbegriff eines leicht beeinflussbaren und naiven Trottels, zusammen mit seinem Sohn Bart auf zwei Rekrutierer der so genannten „Fortschrittarier" trifft. Sie sind Anhänger eines allwissenden Anführers, der ihnen verspricht, sie auf einem intergalaktischen Fahrzeug in das kosmische Paradies *Blisstonia* zu bringen. Das Ganze spielt sich am Springfielder Flughafen ab, wo auch andere „Missionare" versuchen, die Passanten von ihrer frohen Botschaft zu überzeugen. Eine wahrhaft beifallswürdige Szene!

(Bart und Homer kommen an einem Hare-Krishna-Anhänger vorbei, der ihnen eine Broschüre hinhält.)
Hare Krishna: „Hast du schon vom Krishna-Bewusstsein gehört?"
Homer: „Siehst du, Bart, das ist ein absolut Verrückter!"
(Dann gehen sie an einem Mann vorbei, der eine Bibel in der Hand hält.)
Mann: „Behandle deinen Nächsten wie dich selbst!"
Homer *(sarkastisch)*: „Ja, die Nummer läuft sicher ..."
(Sie kommen zu zwei Fortschrittariern, Glen und Jane, und die Frau gibt Homer eine Broschüre.)

Jane: „Ein neues, besseres Leben erwartet euch auf unserem Heimatplaneten Blisstonia."

(Homer schaut sich die Broschüre an. Unter dem Titel „Die Fortschrittarier" ist ein Foto ihres „Anführers" zu sehen.)

Homer: „Sieht nicht schlecht aus."

Homer lässt sich, ohne groß darüber nachzudenken, auf eine *Gratissitzung zum Eingewöhnen* ein, welche damit endet, dass er sich spontan der Bewegung anschließt (obwohl Glen und Jane komischerweise noch kurz davor behaupten, er habe „das stärkste Widerstandshirn, mit dem wir es je zu tun hatten").

Der klugen Marge gefällt die ganze Sache ganz und gar nicht. Sie versucht, sich ihrem Ehemann zu widersetzen, aber dieser gibt in einem gebieterischen Ton zurück: „Wenn ich einer Untergrund-Kultgemeinde beitrete, erwarte ich Unterstützung von meiner Familie!" Die gesamte Familie zieht daraufhin auf den Landsitz der Fortschrittarier, um dort für den Anführer zu arbeiten. Die Sektenanhänger schaffen es, alle zu „bekehren", außer Marge, der die Flucht aus dem Hochsicherheitslandsitz gelingt und die mit Hilfe von Hausmeister Willie ihre Familie entführt und im Hobbyraum der Flanders deprogrammiert. Ihre Strategie funktioniert bei Bart und Lisa, aber nicht bei Homer (zumindest scheint es zunächst so), denn als Glen, Jane & Co. in das Haus der Flanders einbrechen, um Homer mitzunehmen, geht er freiwillig mit. Am Hauptquartier der Fortschrittarier angekommen, deckt er den Schwindel auf, indem er allen Bewohnern von Springfield beweist, dass das angebliche intergalaktische Raumschiff gar nicht existiert. Den Fortschrittariern bleibt daraufhin nichts anderes übrig, als sich wohl oder übel aufzulösen, und die Simpsons kehren zu ihrem normalen Familienalltag zurück. Aus dem Erlebten zieht jeder seine eigenen Schlussfolgerungen:

Homer: „So ein Unsinn, sich einer Sekte für sinnlose Glückseligkeit anzuschließen, wenn man Bier zu Hause hat!"

Moe: „Verdammt! Es ist auseinandergefallen, wie alles andere, woran ich mal geglaubt habe! Da bleibe ich doch lieber bei meinem Hausmanns-Voodoo."

Es ist nicht zu übersehen, dass hier die so genannte *Invasion der Sekten* und die Leichtgläubigkeit der Menschen mit Spott übergossen werden – eine scharfe Satire auf das, was Zygmunt Bauman als aktuelle *Suche nach Sicherheit*[107] in einer Gesellschaft der Einsamkeit und des Weltbürgertums bezeichnet. Auch die örtliche Gemeinde um Reverend Lovejoy bleibt nicht verschont. Der Geistliche, der die Fortschrittarier in seiner Predigt anklagt, erweist sich als im Grunde nicht viel besser als sie:

Lovejoy: „Diese so genannte neue Religion ist nichts weiter als ein Bündel wunderlicher Rituale und Slogans, dazu bestimmt, dümmlichen Trotteln ihr Geld abzunehmen! Jetzt wollen wir vierzig Mal den Herrn preisen, aber zunächst lassen wir den Sammelteller rumgehen ...“

14
Bibelstunde, einmal anders

Ich erinnere mich noch sehr genau an einen erhellenden Comicstreifen der *Peanuts* von Charles Schulz, den ich während meiner
Zeit als (damals noch) junger und spritziger Theologiestudent zu
meinem Motto erklärte. Als Lucy – die mit der hohen Kunst, die
Heilige Schrift für ihre eigenen Ziele zu missbrauchen, bestens vertraut ist (ein Sport, der leider immer noch sehr in Mode ist) – wieder einmal einen ihrer hinterlistigen Angriffe auf den armen Linus
startet („Du *musst* mir etwas zu Weihnachten schenken! Das steht
in der Bibel!"), kontert dieser mit exegetischer Kompetenz („Du
bluffst ...! In der Bibel steht nichts über Weihnachtsgeschenke!")
und ist sichtlich zufrieden mit sich selbst: „Ein alter Theologe lässt
sich nicht verschaukeln!" (Auch wenn dieser aus Papier und höchstens sechs Jahre alt ist ...) Was bleibt Lucy da anderes übrig, als sich
in ihr übliches „Seufz!" zu flüchten?

Und wie könnte Virtuosen der Parodie wie dem unerschrocke-
nen Matt und seiner Crew (die, wie oben bereits erwähnt, unzählige Werke in neues Licht gerückt haben, von der Odyssee bis hin
zu aktuellen Filmen) die faszinierende Anziehungskraft entgehen,
die von der Bibel, dem *Großen Code* der westlichen Zivilisation und
Buch der Bücher, ausgeht?[108] Anspielungen auf Geschichten aus
der Bibel kommen sehr häufig vor, wenn auch oft nur am Rande.
Episode AABF14 dreht sich allerdings vollständig um das Alte Testament. Es ist Ostersonntag und in der Kirche leiden die Schäfchen
von Reverend Lovejoy unter der unerträglichen Hitze (auf dem
Kirchenschild vor dem Eingang ist diesmal zu lesen: „Thema heute:
Christus färbt Eier für eure Sünden"). Während der Reverend die
fünf Bücher Mose durchgeht und der Schokoladenhase auf der
Kanzel vor sich hinschmilzt, schlafen die Simpsons einer nach dem
anderen ein und träumen jeweils ihre Version der biblischen Geschichten.[109] Marge schläft als Erste ein. In ihrem Traum ist sie Eva

und lebt zusammen mit ihrem Adam-Homer im Garten Eden (*Homer*: „Sieht aus, als hätte Gott dich aus meiner sexy Rippe erschaffen!") unter der Aufsicht von Gott-Flanders (wem denn sonst?). Obwohl Gott es ihnen verboten hatte, beißt Homer ohne Bedenken genüsslich in die Früchte des Baums der Erkenntnis. Eva-Marge, Sinnbild der puritanischen Sittlichkeit, versucht ihn zuerst davon abzuhalten, aber schließlich gibt auch sie der Versuchung nach. In dem Moment, in dem sie in den Apfel beißt, bemerkt Gott-Flanders den Ungehorsam der Frau und lässt sie die Schmach des Rauswurfs aus dem Paradies erleiden, während ihr Mann – der zwar nicht *in flagranti* ertappt wurde, aber langsam einsieht, dass alles seine Schuld war – nichts unversucht lässt, seine Eva-Marge wieder zurück ins Paradies zu holen, was allerdings darin mündet, dass er selbst hinausgeworfen wird.

Lisas Traum ist der zweite. Mittlerweile ist Reverend Lovejoy beim Buch Exodus angelangt, und genau in dieser Zeit findet Lisa sich in ihrem Traum wieder. Das jüdische Volk, zu dem sie und ihre Klassenkameraden gehören, wurde vom Pharao versklavt. Milhouse ist Moses und Rektor Skinner natürlich der Pharao. Milhouse und Lisa führen die Flucht der verfolgten Juden an, nachdem sie selbst aus der Pyramide fliehen konnten, in die sie Aufseher-Wiggum als Strafe dafür, dass sie sich erdreistet hatten, um Freiheit für ihr Volk zu bitten, mit einem Schubs und viel Sarkasmus („Macht's gut, Kinder! Und grüßt das Britische Museum von mir!") geworfen hatte. Das Überqueren des Roten Meeres stellt ein nicht unwesentliches Problem dar, aber die einfallsreiche Lisa hat auch dafür eine Lösung. Sie fordert ihre Gefährten dazu auf, die Spülungen mehrerer hundert Toiletten, die die Ägypter ganz in der Nähe aufgestellt hatten, gleichzeitig zu betätigen – und ihr Plan geht auf. Das Meer wird zumindest für eine kurze Zeit trockengelegt, so dass sie es trockenen Fußes durchqueren können (Bart widmet ihnen vorher noch ein letztes „Fresst meine Shorts!"). Pharao-Skinner und sein Heer setzen ihnen nach, doch sie werden – so steht es geschrieben – von den zurückfließenden Wassern überflutet. Nachdem sie die langersehnte Freiheit endlich erlangt haben, können Milhouse-Moses und das Volk sich auf den langen Weg durch die Wüste machen, in das Land, in dem Milch und Honig fließen ... naja, mehr oder weniger!

Homer ist als Dritter an der Reihe. Sein biblisches „Alter Ego" ist niemand Geringeres als König Salomo, pure *Simpsons*-Ironie im jüdischen Kleid, da dieser als weisester unter allen Königen gilt, dem kein Geheimnis verborgen bleibt und der alle Dinge bei ihrem Namen kennt. Homer-Salomo muss nun entscheiden, wem der Kuchen gehört, um den sich zwei Juden streiten, die so aussehen wie seine Freunde und Arbeitskollegen Lenny und Carl (natürlich eine scherzhafte Anspielung auf 1 Kön 3,16–28). Er lässt den Kuchen sofort in zwei Hälften teilen und spricht sein Urteil: jeder bekommt ... die Todesstrafe (Gerechtigkeit muss sein), und den Kuchen verputzt der (Fress-) König in aller Ruhe selbst.

Bart träumt als Letzter. Wir sehen ihn als jungen König David gegen den Sohn von Goliath, Goliath II., antreten (der so aussieht wie der streitsüchtigste Raufbold seiner Klasse: Nelson Muntz). Während des ersten Kampfes wird David-Bart von Goliath II. weit aus dem Reich Israel geschleudert und der Riese nimmt seinen Platz als König ein. Bart trifft daraufhin einen Hirten (seinen naiven Freund Ralph). Dieser verspricht ihm, Goliath II. Einhalt zu gebieten, wird jedoch von ihm umgebracht. In Wut über den Tod des Hirten entbrannt, schwört unser kleiner Held Rache und kehrt nach Israel zurück („Goliath II. soll wirklich dafür büßen! Und damit erlebt er jetzt den ersten Actionhelden!"). Dort schafft er es beinahe, den Riesen umzubringen. Den Todesstoß versetzt ihm jedoch Ralph, der seinen Tod nur vorgetäuscht hatte. Das Volk mochte allerdings Goliath II., weil er ein guter und gerechter König war, und David-Bart wird wegen Riesen-Mordes ins Gefängnis geworfen.

Plötzlich wacht die gesamte Familie auf. Der Gottesdienst ist schon lange beendet und alle Gläubigen haben die Kirche bereits verlassen. Als unsere Helden die Türen der Kirche öffnen, sehen sie, dass, während sie friedlich schlummerten (man lese und staune ...!), draußen die Welt untergegangen ist. Die Apokalypse hatte begonnen und mit ihr auch das jüngste Gericht. Während Marge sich wundert, warum sie nicht wie die Flanders in den Himmel aufsteigen (aber dann kommt sie drauf: „Ah, verstehe, wegen unserer Sünden"), bekommt Lisa als Einzige die Chance, in den Himmel entrückt zu werden, aber Homer holt sie wieder auf den Boden zurück und zwingt sie – unter Beachtung des Dogmas der Untrennbarkeit der Familie –, mit den anderen vier in die Hölle hinabzusteigen. Seine letzten entsetzten Worte spricht Homer zu den Klängen von *Highway to Hell* von AC/DC: „So ein Mist, die haben keine Hot Dogs mehr! Und im Krautsalat sind Ananasstücke! *Aaargh!!!*"

Was soll man dazu sagen? Man könnte noch einmal darauf hinweisen, dass es viele gute Gründe dafür gibt, die Bibel zu lesen und das Wort Gottes zu verbreiten, die über eine reine Konfessionszugehörigkeit hinausgehen. Die zahlreichen Anspielungen von Groening & Co. auf die Heilige Schrift (die Serie enthält sehr viele Zitate aus fast allen Büchern, vom Buch Genesis bis hin zur Offenbarung) sind einmal mehr ein Beweis dafür, dass im angelsächsischen Raum die Bibel das Bewusstsein der Menschen zutiefst geprägt hat, während sie in Italien sowohl im Schulwesen als auch im kulturellen Bereich zu einem *vergessenen Buch* geworden ist, mit sehr bedauerlichen Konsequenzen. Trotzdem ist die Bibel, wie Kardinal Martini, Erzbischof von Mailand, der jetzt in Jerusalem lebt, immer wieder betont, das *Große Buch Europas*, nicht nur, weil es eine entscheidende Rolle im ökumenischen Dialog zwischen den christlichen Kirchen des alten Kontinents spielt, sondern auch, weil es das Fundament und die Stütze jedes ernsten und tiefgreifenden Dialogs ist.

Diese Tatsache wird auch in dem Appell aus dem Jahre 2006 hervorgehoben, den Biblia, ein verdienstvoller Laienverband zur Förderung des Bibelstudiums, u. a. an die italienische Regierung gerichtet hat. Er enthält die Forderung, Schülerinnen und Schülern profundere Kenntnisse über die Bibel zu vermitteln. Dort heißt es: „Eine bewusste Wiederentdeckung der biblischen Wurzeln des Westens ist dringend notwendig in einer so entscheidenden Zeit in unserer Geschichte. Noch nie zuvor hat es in Italien und Europa so viele Religionsgemeinschaften gegeben, die keinen jüdischen oder christlichen Ursprung haben und einen so großen Zuwachs erleben. Es ist zu beachten und zu bedenken, dass das Heilige Buch des Islam zahlreiche Elemente der biblischen Botschaft beinhaltet. Sich auf das gemeinsame Erbe des Nahen Ostens und des Westens zu besinnen, führt weder in eine ausweglose Sackgasse noch zu einer Polarisierung der Meinungen, sondern trägt, im Gegenteil, zum besseren Verständnis anderer Kulturen und religiöser Identitäten bei."[110] Was das angeht, hat unser Homer noch einiges zu lernen, denn er verpasst in der Tat keine Gelegenheit, eine kleine Darbietung seiner mangelnden religiösen Bildung zu geben ... so tut er es auch in einer bizzaren, surreal anmutenden Szene in der Episode, in der er und sein Kumpel Barney sich aus dem Kernkraftwerk schleichen, um zur Duff-Brauerei zu fahren. Während er gerade versucht, die Karte, die den Fluchtweg beschreibt, zu entziffern, wird er von einer Riesenspinne angegriffen. Er liest in der Karte: „Den Fluch der Spinne zu parieren, musst aus der Bibel du zitieren!" Er versucht es einen Augenblick lang („Ähm ... Du sollst nicht ... ähm ..."), aber dann findet er es doch wesentlich praktischer, das Tier mit einem Stein zu erschlagen und sich das Nachdenken zu sparen, welches für ihn doch stets mit einer großen Anstrengung verbunden ist. [111]

15
Bart hat die Kraft

Diese Episode (BABF06, Staffel 11) zeigt das heutige Bedürfnis nach Wundern, das der katholische Theologe Johann B. Metz (mit der ganzen Doppeldeutigkeit, die diese Definition beinhaltet) als „religionsfreundliche Gottlosigkeit" bezeichnet.

Homer erhält eine Einladung zum jährlichen Alumni-Treffen der Universität Springfield, in dessen Rahmen auch ein Football-Spiel und eine Parade veranstaltet werden. Er beschließt, an dem Treffen teilzunehmen, und trifft dort nach langer Zeit seine Freunde, die Nerds („Trottel"), wieder. Die *Cocktailparty* entpuppt sich allerdings als Vorwand, um den ahnungslosen „Studenten" Geld abzuknöpfen. Homer ist wütend und will sich mit einem Gegenstreich am Dekan rächen. Er präpariert einen Eimer mit Superkleber, der dem Dekan auf den Kopf fallen soll, sobald dieser die Tür öffnet. Aber so weit kommt es gar nicht, da Homer selbst einen mit Leim gefüllten Eimer abbekommt, den Mitglieder der Studentenverbindung „Kappa Gamma Tao" bereits vor ihm dort platziert hatten. Niemandem – nicht einmal Doktor Hibberts – gelingt es, den Eimer von Homers Kopf zu lösen. Die Strecke von Dr. Hibberts Praxis nach Hause will der verantwortungslose Homer trotz seiner erheblichen Sehbehinderung unbedingt selbst fahren. Nachdem er die Kontrolle über das Fahrzeug verliert, kommt es schließlich in der Nähe eines großen Zirkuszeltes zum Stehen, in dem gerade die Show eines gewissen *Glaubensbruders* stattfindet. Es handelt sich dabei um einen schillernden Prediger, der durch seinen mitreißenden Enthusiasmus die Zuschauer begeistert und davon überzeugt, dass er heilende Wunderkräfte besitzt. Der verzweifelte Homer springt von seinem Stuhl auf und fleht den Prediger an, ihn zu heilen (der Eimer klebt immer noch an seinem Kopf!), woraufhin der Wunderheiler Bart zur Unterstützung auf die Bühne ruft. Homers Filius (der sich von der Begeisterung hat anstecken lassen: „*Wow!*

Der tanzt besser als Jesus höchstpersönlich!") schafft es erstaunlicherweise mühelos, seinen Vater von dem lästigen Eimer zu befreien, und glaubt fortan, *die Kraft* zu besitzen ... obwohl in Wahrheit das grelle Scheinwerferlicht den Eimer erhitzt und das Metall gedehnt hatte, sodass Bart ihn ganz leicht von seinem Kopf lösen konnte! Während Homer damit beschäftigt ist, den Wagen für die Halbzeitparade des Footballspiels mit den gestohlenen Blumen aus Flanders' Garten zu schmücken, ist Bart mehr denn je davon überzeugt, Wunderkräfte zu besitzen. Er lässt bei sich zu Hause ein großes Zelt aufstellen, wo er ein „Wiedererweckungstreffen" organisiert, das er unter das Motto: „Satan, friss meine Shorts!", stellt. Er vollbringt ein Wunder nach dem anderen und steigert sich immer weiter in seine Rolle als Wundertäter hinein, bis Milhouse mit der Bitte zu ihm kommt, seine chronische Kurzsichtigkeit zu heilen. Bart, der nunmehr keinen Zweifel mehr an seinen heilenden Kräften hegt, wirft Milhouses Brille einfach weg, in der Überzeugung, ihn bereits geheilt zu haben. Glücklich macht sich Milhouse auf den Weg nach Hause, aber er hat sich noch keine zehn Schritte von Bart entfernt, da wird er auch schon von einem heranfahrenden Lastwagen überfahren und landet mit einem gebrochenen Arm im Krankenhaus! Bart fühlt sich schuldig und muss sich eingestehen, doch keine Wunderkräfte zu besitzen.

Indessen nähert sich der Tag des großen Football-Finales zwischen den zwei rivalisierenden Springfielder Universitäten. Als es endlich so weit ist, holt der Star der Springfield S. U., ein gewisser Luvchenko, einen Punkt nach dem anderen für seine Mannschaft, bis es während der Halbzeit zu einem unglücklichen Zwischenfall kommt. Homer verpasst die Parade und fährt seinen Wagen viel später als die anderen durch das Spielfeld. Dabei fährt er den Spielerstar Luvchenko an und bricht ihm das Bein. Der Mafioso Fat Tony, der eine große Summe auf die Mannschaft gewettet hat, droht Homer auf unmissverständliche Weise. Dieser ist immer noch von den übernatürlichen Fähigkeiten seines Sohnes überzeugt und fleht ihn an, ein Wunder zu wirken und das Bein des Spielers zu heilen. Bart sträubt sich zunächst, da er sich der Tatsache bewusst ist, keine heilenden Kräfte zu besitzen, aber dann versucht er doch, um ein Wunder zu bitten (und zwar Gott – nur, damit es keine Missverständnisse gibt). Luvchenko führt die Mannschaft auf eine spektakuläre Art und Weise zum Sieg: Er kickt den Ball, und sein Bein, das alles andere als geheilt ist, fliegt dem Football hinterher, um ihm den letzten Anstoß zu geben, den er braucht, um durch die gegnerischen Torstangen zu fliegen – und somit erzielt er den entscheidenden Punkt für Springfield S. U.!

Mehr als offenkundig ist hier die gegen Scharlatane gerichtete Satire. Sie sind Experten darin, aus Religion eine Unterhaltungsshow zu machen und das weit verbreitete Bedürfnis der Menschen nach Heilung schamlos auszunutzen, um sich neben der Gunst des Publikums auch noch ein stattliches Sümmchen zu verdienen. Es finden sich in der Episode auch Andeutungen darauf, dass in einigen Fällen sogar vor Gewalt nicht zurückgeschreckt wird (als Bart sein erstes *Wunder* bei Ralph Wiggum wirkt, erweist sich der rüpelhafte Nelson als sein Gehilfe: „Du hast tatsächlich die Kraft!" Dann dreht er sich zu den anderen Kindern und sagt: „Geht hin und verbreitet die Kunde!" Als diese zögern und einander fragend anschauen, hebt er drohend die Faust: „VERBREITET SIE!!!").

Das ist nicht das einzige Mal, dass sich die Handlung um vermeintliche Wunder dreht. Ein weiteres Beispiel ist eine Episode um Ned Flanders, der den plötzlichen Tod seiner Frau Maude noch nicht überwunden hat (In: *Wunder gibt es immer wieder*, CABF15). Während die Simpsons ihm während dieser schwierigen Zeit beistehen (zwar auf eine etwas brutale Art und Weise, aber was soll's? Sie sind, wie sie sind ...), findet er zufällig einen alten Skizzenblock, in dem Maude Entwürfe für einen christlichen Vergnügungspark gezeichnet hatte: Der Name dieses Parks sollte *Praiseland* sein. Ned möchte ihn seiner Frau zu Ehren bauen (inklusive einer unheimlichen Geisterbahn, in der König David die Kinder dazu zwingt, sich alle 150 Psalmen anzuhören). Die Attraktionen des Vergnügungsparks lösen bei den Einwohnern von Springfield nicht die erhoffte Begeisterung aus, und so verlassen ihn die enttäuschten Besucher bald wieder. Während sich alle in Richtung Ausgang begeben, geschieht jedoch (scheinbar) ein Wunder: Eine Maude-Maske beginnt plötzlich zu schweben und steigt bis zum Gesicht der großen Maude-Statue auf, die Ned zum Andenken an seine Frau hatte errichten lassen. Alle halten es für ein Zeichen Gottes und so kommt Homer und Bart *spontan* die Idee, den Besuchern dank Maudes himmlischer Unterstützung eine Vision des Himmels zu gewähren, natürlich gegen eine „freiwillige" Spende in Höhe von zehn Dollar (die Ned dem Waisenhaus zugute kommen lassen möchte). Am Ende ist es wie immer Homers Gefräßigkeit, die das wundersame Phänomen im wahrsten Sinne des Wortes ... *demaskiert.* Das, was die Maske zum Schweben gebracht und die Visionen der Besucher hervorgerufen hatte, war nicht etwa das Wirken Gottes, sondern Gas, das durch ein Leck in der Leitung direkt vor der Statue entwichen war. Das Leck entdeckten sie nur, weil Homer Hunger hatte und der Gasgrill nicht funktionieren wollte. Und so muss *Praiseland* für immer seine Tore schließen.

Eine andere Episode (*Ein kleines Gebet,* EABF06) verweist gezielt auf die ständig lauernde Gefahr, das Gebet zu instrumentalisieren und es als eine Art Zauberformel zu betrachten, die dazu da ist, den Menschen all ihre Wünsche zu erfüllen.[112] Bei der Halbzeitverlosung eines Damen-Basketballspiels wird Ned Flanders' Platzkartennummer gezogen, und nach einem gelungenen Wurf von der Mittellinie aus gewinnt er eine beträchtliche Summe Geld. Homer ist – wie so oft – neidisch auf seinen Nachbarn und versucht, hinter dessen Geheimnis zu kommen. Flanders eröffnet ihm, sein Erfolgsrezept bestehe in harter Arbeit, einem ordentlichen Lebenswandel ... und hin und wieder einem kleinen Gebet! Homer fixiert sich auf das Gebet, und als er seine Fernbedienung verlegt, wird sein Gebet tatsächlich erhört. Er beginnt, für die Erfüllung all seiner Träume zu beten, und während er sich gerade ein neues Haus wünscht, fällt er direkt vor der Kirche in eine Grube. Er verklagt die Gemeinde und bekommt eine Million Dollar Schmerzensgeld zugesprochen, aber da die Gemeinde nicht über so viel Geld verfügt, überträgt ihm der Richter den Besitz der Kirche. Homer verwandelt das Kirchengelände in eine Partymeile. Der Reverend und seine Frau Helen sind gezwungen, zu den Flanders zu ziehen und schließlich die Stadt zu verlassen, weil sie sich einfach nicht damit anfreunden können, in der Bowlinghalle zu predigen und bei Ned Flanders zu wohnen. Homers nicht enden wollende Einweihungsparty ufert aus und gerät außer Kontrolle. Es kommt sogar so weit, dass Marge ihren Ehemann fragt, ob dieser denn nicht Angst davor habe, Gottes Zorn heraufzubeschwören. Doch Homer macht sich keine allzu großen Gedanken darüber, bis plötzlich ein starker Regen einsetzt und Homer von einem Blitz getroffen wird. Über

Springfield scheint die Sintflut hereingebrochen zu sein und alle Einwohner flüchten auf das Dach der Kirche. Natürlich wird Homer zum Sündenbock gemacht, und die Schuld für ihre Notlage wird ihm zugeschoben. Zum Glück erscheint als *Deus ex machina* Reverend Lovejoy aus einem Helikopter, der Gott im Namen der gesamten Stadt um Vergebung bittet und somit dazu beiträgt, dass alles wieder seinen geregelten Lauf nimmt.

Hinter solchen Episoden, die sich über die grassierende Wundersucht der Menschen lustig machen, verbirgt sich ein deutlicher Hinweis auf die Gefahr, dass Religion und Gebet, die nunmehr in einer endgültig kommerzialisierten Welt zur Ware geworden sind, durch ihre *Kommodifizierung* verschleudert werden, weil sie am Ende nichts weiter als reine Konsumgüter sind; und dass die Transzendenz, die durch die erwartete *Wiederkunft* genährt wird, weniger dazu führt, den *Gott Abrahams, Isaaks und Jakobs* zu erfahren, sondern dazu, sich selbst zu transzendieren, also aus sich hinauszusteigen, in einer intensiven, emotionalen, exzessiven, extremen und antikonformistischen Erfahrung.

Der junge britische Theologe Graham Ward, der in seinem Buch *True Religion* diese Sicht der Wandlung der Religion durch die Moderne hindurch vom 16. Jahrhundert bis heute nachzeichnet, spricht von einem Gott der Spezialeffekte innerhalb einer Religion, die zu einem Fetisch herabgesetzt wurde, eine Ware unter vielen, die es uns erlaubt, im schnellen Spiel des Kapitalismus Schritt halten zu können. Und dann gibt es noch den *virtuellen* Gott, rechtmäßiger Herr über die Simulation der Wirklichkeit, in die wir eingetaucht sind, ohne es noch zu merken. Er verführt uns mit seinem Charme und steigert unser Verlangen ins Unermessliche.[113] Ein Ausblick, der – falls er sich bewahrheiten sollte – die gefeierte *Rache Gottes,* die wir oben angesprochen haben, am Ende in einen regelrechten und äußerst bitteren Pyrrhussieg verwandeln könnte.

16
Der Vater, der Sohn
und der Heilige Gaststar

Diese vergleichsweise neue Episode (GABF06 aus der sechzehnten Staffel, die in den USA im Jahr 2005 ausgestrahlt wurde) ist, aus unserer Perspektive betrachtet, besonders faszinierend. Bereits der Titel *Der Vater, der Sohn und der Heilige Gaststar* (im Original: *The Father, the Son and the Holy Guest Star*) verweist eindeutig auf ein bekanntes christliches Dogma. Auf eine sehr direkte und sogar überraschende Art und Weise wird hier auf der einen Seite über Ökumene gesprochen und über die Beziehung zwischen den Vertretern der verschiedenen christlichen Konfessionen, die nicht immer harmonisch ist. Und auf der anderen Seite bietet diese Episode den richtigen Rahmen für eine – im Allgemeinen amüsante und auch akzeptable – Parodie der am häufigsten verwendeten Klischees über den Katholizismus. Und zwar mit allem, was dazugehört: einem irischen Priester, einer handgreiflichen Nonne, dem Rosenkranzgebet, lateinischen Gebeten und sogar ... Kommentaren von Homer zur Transsubstantiation!

Alles beginnt mit dem Mittelalter-Festival in Barts und Lisas Grundschule. Lisa darf die Königin spielen, während Bart ihr als Dorfküfer dienen muss. Nach dem Festschmaus wird der Königin eine riesige Torte gebracht, aus der plötzlich eine ganze Rattenschar hervorspringt. Rektor Skinner macht Bart für diesen Streich verantwortlich und verweist ihn der Schule (obwohl es gar nicht Bart, sondern der schottische Allround-Hausmeister Willie gewesen ist, und zwar als Rache für seine Rolle als *Dorftrottel*). Marge muss daraufhin eine neue Schule für ihren Sprößling suchen und entscheidet sich für die katholische Schule St. Jerome (Homers bedenklicher Kommentar dazu: „Da kriegst du nicht nur miserable Noten: die schicken dich sofort in die Hölle!"). Gleich am ersten Schultag gerät Bart an Schwester Tommasina, eine sehr strenge Ordensschwester, die sofort damit beginnt, ihn zu schikanieren (was Bart zu seiner ersten „Erkenntnis" verleitet: „Ich bin hier der wahre Jesus"). Allerdings trifft er auch Pater Sean, einen natürlich rothaarigen irischen Priester, den Bart auf Anhieb sehr sympathisch findet (in seinen Predigten zitiert er Eminem und in seiner Freizeit spielt er Schlagzeug in einer Band mit anderen Priestern). Er ist auch der Grund dafür, warum Bart beschließt, zum katholischen Glauben zu konvertieren. Während des Unterrichts vergnügt er sich mit einem Comicbuch, das er von Pater Sean bekommen hat, in dem über das Leben der Heiligen erzählt wird. Barts Eltern sind über seinen katholischen „Sinneswandel" nicht gerade erfreut. Marge vergleicht den katholischen Gottesdienst (ernsthaft) mit einem Besuch im Fitnessstudio, mit all dem *Sitzen, Stehen, Knien ...* usw.; und Homer fährt zur Schule, um ihn abzumelden, aber dank des leckeren Essens, des angenehmen katholischen Lebensstils und der Möglichkeit, sich durch eine (schier endlose) Beichte der großen Last all seiner Sünden zu entledigen, konvertiert auch er noch am selben Abend. Da Ehemann und Sohn nun katholisch geworden sind und ihre Tochter schon seit geraumer Zeit auf den Pfaden des Buddhismus wandelt, ist die arme Marge gezwungen, sonntags allein in die Kirche zu gehen. Ein treuer Begleiter ist ihr allerdings sicher: das „Mitgefühl" der Springfielder Klatschbasen ... Es wird noch schlimmer, als Reverend Lovejoy versucht, ihr klarzumachen, dass sie nach dem Tod in ein anderes Paradies kommen werde als Homer und Bart (im katholischen Paradies werden irische Volkstänze getanzt und im seriösen Protestantenhimmel wird Polo gespielt): Das Trio Marge, Ned und Reverend Lovejoy stürmt den Unterrichtsraum, in dem Homer und Bart gerade auf die erste Heilige Kommunion vorbereitet werden, in der Hoffnung, wenigstens Bart davon abhalten zu können, katholisch zu werden. Die drei entführen Bart und fliehen mit ihm in einem Kleinbus. Sie sind davon überzeugt, dass sie ihn wieder für ihre Kirche zurückgewinnen können, wenn sie mit ihm zu einem religiösen Festival fahren. Der Gegenschlag der katholischen Seite lässt nicht lange auf sich warten, denn schon sind Pater Sean und Homer im Anmarsch, um Bart zurückzuholen. Als der Streit zwischen den rivalisierenden Parteien, der alles andere als sachlich verläuft (und, ehrlich gesagt, gar nicht mal so weit hergeholt ist), eskaliert, greift Bart, überraschenderweise, in einem äußerst seltenen Moment völliger Ernsthaftigkeit und mit einem Anflug von Feierlichkeit ein. Er erklärt, dass jeder versuchen sollte, sich auf die Gemeinsamkeiten statt auf die angeblichen Unterschiede zu konzentrieren.

Bart: „Es geht immer nur ums Christentum, Leute! Die kleinen dummen Unterschiede sind nichts neben den großen dummen Gemeinsamkeiten!"

Und somit vereint Bart die Christen ... zumindest für die nächsten 1000 Jahre, bis von seiner ursprünglichen Botschaft nur noch herzlich wenig übrig bleibt! Das erinnert mich an einen jungen schottischen Katholiken, der mitten in einer Pressekonferenz im Rahmen der Vorbereitungen zur Europäischen Ökumenischen Begegnung, die zur Unterzeichnug der *Charta Oecumenica* führen sollte (April 2001), Folgendes sagte: „Während des *meetings* haben wir uns alle als Orthodoxe, Katholiken, Protestanten und Evangelikale gefühlt, aber das bedeutet nicht, dass wir ein ökumenischer Einheitsbrei sind, in dem alle Zutaten zu einer homogenen und nicht mehr definierbaren Soße miteinander verschmelzen. Im Gegenteil, unsere Einheit könnte eher als *ökumenischer Salat* bezeichnet werden, in dem alle verschiedenen Farben und Geschmäcker – vereint durch das Heilige-Geist-Dressing – einzeln herausgeschmeckt und ausgekostet werden können."

17
Und die Moral von der Geschicht'?

Wie der Comic-Experte Luca Raffaelli richtig bemerkt, ist „*Die Simpsons* die einzige Zeichentrickserie, die es wagt, über Gott zu sprechen, und zwar über den einen und allumfassenden Gott."[114] Aber, wie wir bereits festgestellt haben, reden sie nicht nur *über,* sondern auch *mit* Gott – eine Vorzugsbehandlung, die in der Bibel nur seine besonders geliebten und *auserwählten* Kinder genießen dürfen, von Abraham über Ijob bis hin zu Jesus.

In der bereits erwähnten Episode, in der das Familienoberhaupt der Simpsons sich weigert, die Langeweile des sonntäglichen Ritus über sich ergehen zu lassen, finden wir in Homers „direktem Draht nach oben" im Grunde auch eine Bestätigung für die Unnötigkeit der langatmigen Predigten Lovejoys. Während Homer mit Marge streitet, die das zivilreligiöse Pflichtbewusstsein verkörpert, versichert ihm der Herrgott selbst, der in den Wolken wohnt und ein wallendes Gewand sowie bequeme Sandalen trägt (um es mit Homers Worten zu beschreiben: „von Kopf bis Fuß eine klasse Erscheinung"), dass eine rein körperliche Anwesenheit im Gottesdienst, die sozusagen nur zur Zierde dient, völlig bedeutungslos sei. Ein deutlicher Fingerzeig und fast schon ein Mahnruf, wie dringlich es ist, die Sprache der Kirche zu entstauben und sich nicht mit einer förmlichen Teilnahme an der Liturgie zu begnügen! Aber verstehen Sie mich bitte nicht falsch: Homer ist alles andere als kohärent und neigt seinerseits dazu, das Göttliche zu instrumentalisieren (sonst wäre er nicht mehr Homer ...). Eine der aufschlussreichsten und lustigsten Szenen diesbezüglich ist wohl ein Monolog, den er in einem (seltenen) Augenblick aufrichtiger Glückseligkeit führt und der wirklich *sui generis* ist: Der Monolog mündet in folgendem Gebet: „Lieber Gott, die Götter waren gut zu mir. Zum ersten Mal in meinem Leben ist alles, aber auch alles absolut perfekt, einfach so, wie es ist. Ich mach dir ein Angebot: Du lässt einfach alles so, wie es ist, und ich stelle keine Forderungen mehr. Wenn du damit einverstanden bist, gib mir bitte überhaupt kein Zeichen ... (Stille) Gut, abgemacht! Um mich erkenntlich zu zeigen, möchte ich dir Plätzchen und Milch anbieten. Wenn du möchtest, dass ich sie für dich esse, dann gib mir kein Zeichen (Stille) ... Dein Wille geschehe!"

Nach den Anlaufschwierigkeiten zu Beginn der neunziger Jahre, als unsere gelben Freunde fast still und heimlich Einzug in Italien hielten (und zwar dank der Weitsichtigkeit von Mediaset, auch das muss mal gesagt werden) und Eltern und Pädagogen aufgrund der manchmal etwas derben Sprache und der einen oder anderen übermäßig gewalthaltigen Szene starke Bedenken äußerten (man denke an den Meta-Zeichentrickfilm *Itchy und Scratchy*, eine skurrile Parodie von *Tom und Jerry*), scheinen sie heute die Gunst des Publikums endgültig gewonnen zu haben. Die Kritik, die damals von christlich-fundamentalistischen Gruppierungen und sogar dem damaligen US-Präsidenten George Bush sen. geäußert wurde, gehört längst der Vergangenheit an und sorgt heute höchstens noch für Erheiterung. Während des Wahlkampfes 1992 sagte Bush sen.: „Wir müssen die amerikanische Familie stärken. Wir brauchen mehr ,Waltons' und weniger ,Simpsons'!"[115] Seine Ehefrau Barbara machte ihm alle Ehre und bezeichnete die Serie als „das Dümmste", was sie jemals gesehen habe. Natürlich hat sie sich später für diese Äußerung entschuldigt (ob sie wohl auch missverstanden wurde, wie es in solchen Fällen öfter vorkommt?). Den besorgten Eltern hat Matt Groening am Ende selbst eine Antwort gegeben, die die eigentliche Problematik auf den Punkt bringt: „Wenn ihr nicht wollt, dass eure Kinder sich wie Bart benehmen, dann hört auf, euch wie Homer zu benehmen!"

Bei genauerem Hinsehen wird man feststellen, dass Kraftausdrücke und derbe Sprache nur sehr selten benutzt werden, und wenn Gewalt gezeigt wird, dann in stark karikierter und grotesker Form. Diese Szenen sind so voller Selbstironie, dass sie wiederum eine kathartische Wirkung entfalten.

Und die Moral, die sich hinter den *Simpsons* verbirgt – jawohl, die gibt es! –, ist gleichzeitig auch das, was sie so erfolgreich macht. Ich habe es oben bereits angedeutet, und zwar, dass am Ende, nach einem klassischen *Tsunami* von „Pleiten, Pech und Pannen", das eigene Zuhause das Einzige ist, das retten kann, was noch zu retten ist (während draußen korrupte Bürgermeister, skrupellose Mafiosi, lästige Nachbarn, herzlose Großunternehmer usw. wüten). Die geeinte Familie, so durchgeknallt sie auch sein mag, ist ein wertbeständiges Gut, eine langfristige Investition, ein Rettungsanker in einer Welt voller Gefahren und ein Katalysator für unsere Ängste. Um es mit einem englischen Sprichwort auszudrücken: *East, West / Home's Best*. Sie ist der Ort, an dem sich der Streit zwischen Geschwistern langsam in einen Bund fürs Leben verwandelt und an dem die Proteste der Frau gegen das beschämende Verhalten des Ehemannes zu Liebkosungen und Küssen werden können (und oftmals auch werden), aber vor allem zu Vertrauen und gegenseitiger Hingabe. Barbara Maio hat geschrieben: „Wenn wir den *Simpsons* heute noch unsere Aufmerksamkeit und unsere Zuneigung schenken, dann liegt das an dem menschlichen Charakter der Hauptfiguren, die durch ihre Widersprüchlichkeit und Inkohärenz als sehr viel realer erscheinen, als das Genre Zeichentrickfilm – oberflächlich betrachtet – vermuten ließe."[116] Auch der lang ersehnte Kinofilm (*The Simpsons – The Movie*) unter der Regie von David Silverman, der am 14. September 2007 in die italienischen Kinos gekommen ist, hat eines erneut bestätigt: Die „deformierte" Religion scheint nicht imstande zu sein, angemessene Antworten zu geben;[117] der Ort, an dem Konflikte gelöst werden und die Ordnung – zumindest kurzfristig – wiederhergestellt wird, ist der Küchentisch, an dem die Familienmitglieder zwischen einem *Thanksgiving*-Truthahn und einem saftigen Steak die verrücktesten Diskussionen führen und auf die seltsamsten Ideen kommen. Kurzum: Es entsteht Kommunikation. Die Gespräche sind spritzig, unterhaltsam, im Tonfall schwankend, und meistens halten sie die eine oder andere Überraschung oder Neuigkeit für uns bereit.[118] Auch dem Gebet wird Raum gegeben, wie z. B. in Homers Tischgebet, das, wie immer *sui generis*, in seiner ganzen Naivität auch voller Optimismus ist (Episode 7F16): „... und ganz besonders danken wir dir für die Atomenergie, die noch immer keinen einzigen bewiesenen Todesfall verursacht hat, jedenfalls nicht bei uns. Amen."[119] Oder das Gebet seiner Frau Marge, das sie spricht, als eine Kernschmelze im Springfielder Atomkraftwerk droht, und das auf seine Art großartig ist: „Lieber Gott, wenn du unsere Stadt davor verschont, ein rauchendes Loch in der Erde zu werden, dann will ich versuchen, ein besserer Christ zu sein. Ich weiß zwar noch nicht, wie ich das tun soll ... ähm ... oh ja! Wenn das nächste Mal Altkleidersammlung ist, gebe ich für die Armen Sachen, die sie wirklich gebrauchen können, und keine alten Putzlumpen und Küchentücher." [120] Genauso wie Barts äußerst ehrliches Gebet, das gleichzeitig auch sehr realitätsnah ist: „Und vielen Dank, lieber Gott, für die bösen Taten der Erwachsenen, die dich von dem, was ich tue, ablenken. Amen." [121] Und schließlich, im Zuge der Gleichberechtigung, das hinduistisch angehauchte Tischgebet von Apu: „Gutes Curry, guter Reis, guter Gandhi, esst mit Fleiß!"[122]

Und obwohl ihr Ehemann ein Egoist ohnegleichen ist, der regelmäßig ihren Geburtstag vergisst, mit offenem Mund kaut und seine Zeit mit einem Haufen ständig betrunkener Versager in Moe's Taverne verschwendet, bleibt Marge immer an seiner Seite und beweist somit eine Liebe, die, wie das Hohelied sagen würde (8,6), stärker ist als der Tod. Auch angesichts der Vielzahl an Katastrophen, die er mit beneidenswerter Leichtigkeit verursacht, gibt sie die Hoffnung niemals auf (eine herausragende christliche, aber auch so allgemein-menschliche Tugend) und greift auf einen schier unerschöpflichen Vorrat an Weisheiten und Sprichwörtern zurück, um, allen Widrigkeiten zum Trotz weiterzumachen; denn, wie sie eines Tages behauptet: „Die meisten Frauen werden dir erzählen, dass es völlig unmöglich ist, einen Mann zu ändern. Aber ich sage dir: Diese Frauen sind Drückeberger!" [Episode 4F01, *Lisa will lieben*, A. d. Ü.]

Wenn wir uns den Luxus gönnen und kurz innehalten, um darüber nachzudenken, dann werden wir feststellen, dass das nicht gerade wenig ist, ganz besonders in einer Zeit, die an zu wenigen *Happy Ends* und zu vielen Banalitäten, die sich als Kunst ausgeben, erkrankt ist. Und vor allem in einem Universum, das dezentralisierter denn je ist und ganz sicher auch die Form eines Donuts hat.

18
Das Beste kommt zum Schluss – eine letzte Folge in Moe's Taverne

In Springfield – davon haben wir nun eine kleine Kostprobe erhalten – leben die unterschiedlichsten Menschen: Einige sind dümmlich, andere bösartig (ehrlich gesagt, nur wenige), wieder andere sind gutmütig, undurchschaubar oder sogar schon unglaubwürdig aufgrund ihrer maßlosen Unentschlossenheit. Sie gehören unterschiedlichen Kulturen und Religionen an: eine Mischung, die wir heute in den meisten Ländern der Welt vorfinden. Ihr Erfinder, Matt Groening, wollte ihnen einen Ort schaffen, an dem sie sich zeigen und miteinander kommunizieren können. Einen Ort, an dem sie verstanden werden, jeder in seiner Einzigartigkeit und Würde. Damit am Ende jeder von ihnen, wie De André gesungen hätte, „dem Tod einen Tropfen Glanz überreichen kann";[123] aber auch, um das meisterhafte und oben bereits zitierte Urteil von Grandpa Simpson zu bestätigen, der da sagte: „Der liebe Gott lässt uns aus gutem Grund so alt werden; bis wir weise genug sind, um alles zu kritisieren, was er geschaffen hat!"[124] Es gibt außerhalb der Cartoon-Saga eine „apokryphe" Geschichte, die außergewöhnlich ist, weil sie die frechen Streiche des kleinen Rotzlöffels Bart (in diesem Fall ist es zwar sein Vater, aber das macht nichts) mit der Einstellung des Theologen Karl Barth verbindet, der Misstrauen gegenüber der *Religion* hegt, nicht aber gegen den *Glauben*. Und so lautet sie:

„Ich erinnere mich an eine alte Geschichte, in der einer dieser Typen, Homer, natürlich in Springfield, wo sonst, in Moe's Taverne sitzt. Ein alter Mann setzt sich zu ihm, und sie beginnen ein Gespräch. Und es stellt sich heraus, dass der Alte Gott höchstpersönlich ist. Nun, Homer glaubt nicht sofort daran, aber nach einigen verheißungsvollen Anzeichen ist er davon überzeugt, dass tatsächlich Gott ihm gegenüber am Tisch sitzt. Und er stellt Gott eine

Frage, eine sehr dringliche natürlich: ,Lieber Gott, bitte sage mir ein für alle Mal, wer hat den wahren Glauben? Die Katholiken oder die Protestanten oder vielleicht die Juden, oder sind es die Moslems – wer hat den wahren Glauben?' Und Gott antwortet in dieser Geschichte: ,Um dir die Wahrheit zu sagen, mein Sohn, ich bin nicht religiös. Ich war niemals religiös. Ich bin nicht einmal an Religion interessiert.'"[125]

Hinter dieser Geschichte, die keine *boutade*, sondern ein Vorgeschmack auf das Paradies ist, verbirgt sich die Notwendigkeit, sich der Meinung des anderen zu öffnen, seinen Fragen und seinen Überzeugungen, die zu vertreten er jedes Recht besitzt, so verschieden sie auch von den unseren sein mögen. Es ist mit Sicherheit ein langer und beschwerlicher Weg. Aber ihn zu beschreiten ist auch unentbehrlich und nicht unmöglich, wenn wir es schaffen, dem Gott Raum zu geben, der in seiner Gnade und mit seinem Lächeln die Welt verändern kann.

Danksagung

Schuld teilt man nicht, ein (eventuell) erhaltenes Lob hingegen schon. In diesem Sinne möchte ich folgenden Personen meinen tief empfundenen Dank für ihre Unterstützung in diesem ausgefallenen Projekt aussprechen: dem herausragenden und feinsinnigen Gioele Dix und Giovanni Ferra von der Zeitschrift „Jesus", die meine Untersuchung von Anfang an begleitet haben, Paolo Naso, einem eingefleischten *Simpsons*-Fan, mit dem ich schon seit vielen Jahren die verschiedensten Abenteuer durchgestanden habe, und Odoardo „Odo" Semellini, der (unter anderem) meine Leidenschaft für Comics teilt. Mit ihnen verbindet mich zum einen eine tiefe Freundschaft, eines der wenigen Dinge, die unserer Existenz Würze verleihen, und zum anderen die Überzeugung, dass es, *solange es die Simpsons gibt, Hoffnung gibt* ...

Nachwort
Von den Peanuts zu den Simpsons

Von Paolo Naso

In den sechziger Jahren war es Charles Schulz, ein Pfingstler, der mit spitzem und eindrücklichem Bleistift ein Stück Theologie-Geschichte zeichnete. Auch heute noch ist die gesammelte „Dogmatik" von Linus und seinen Freunden in einem Band erhältlich, der mittlerweile Kultstatus erworben hat: *The Gospel According to Peanuts*, vom ehemaligen presbyterianischen Pastor Robert L. Short.

Wie könnte man auch dem Warten auf den großen Kürbis keine theologische Bedeutung beimessen, oder Charlie Browns zuversichtlicher Entschlossenheit, mit der er, nach jedem misslungenen Versuch, den Baseball zu treffen, erneut zum Schlag ansetzt? Oder den düsteren psychoanalytischen „Gutachten" der äußerst liebenswerten Lucy? Oder den existenziellen Fragen, die Snoopy sich jedes Mal stellt, wenn er auf dem Dach seiner Hundehütte liegt und sich in die Betrachtung des Unendlichen verliert, das ihn überwältigt?

Die Peanuts stellten das moderne Bild eines rationalen Glaubens dar, das den Zweifel zulässt und ihn aufgreift, sogar so weit, dass die Auseinandersetzung mit diesen Ungewissheiten die Hauptfiguren wiederum an Werte und Bezugspunkte heranführte, die tatsächlich religiös sind. Die Spiritualität der Peanuts war leicht verständlich und traf deshalb mitten ins Herz. Der Wunsch, zu lieben und geliebt zu werden, die Freude über das, was man erreicht hat, die Faszination jener Einsamkeit, in der man sich die großen Fragen des Lebens stellt, das unbeschreibliche Gefühl, von dem man ergriffen wird, wenn man die Schönheit eines Sonnenuntergangs oder des Sternenhimmels betrachtet. Christliche Liebe und Kant'sche Ethik.

Das breite amerikanische Publikum konnte sich mit dieser einzigartigen Gemeinschaft identifizieren und hatte sich schnell an den minimalistischen und schmucklosen Stil der Peanuts-Zeichnungen gewöhnt, die innerhalb kürzester Zeit zu einer wahren

Ikone des damaligen Amerika geworden waren. Eine Ikone, die dank des Scharfsinns und der breit gefächerten kulturellen Bildung wichtiger Persönlichkeiten, wie z. B. Oreste del Buono – der unvergessene OdB – und natürlich Umberto Eco, dem wir einige wichtige Übersetzungen der berühmten Comicstreifen ins Italienische verdanken, sehr bald den „großen Teich" überquerte. Für viele von uns stellte dieser Comic neben den Westernfilmen die erste Begegnung mit einem typisch nordamerikanischen kulturellen Produkt dar. Während ich „Linus" las, habe ich mir das Ziel gesetzt, die Regeln des Baseballspiels zu lernen (was ich übrigens nie erreicht habe), und ich fragte mich, was denn wohl in der Halloweennacht geschehe und was das Thanksgivingfest sei.

Fast fünfzig Jahre später erfreuen sich die Simpsons eines ebenso großen Erfolges wie die Peanuts, und auch sie beschäftigen sich mit Religion und schreiben sogar, um es mit den Worten unseres Brunetto Salvarani auszudrücken, ein eigenes Evangelium. Schulz war ein Evangelikaler, der sich der Intoleranz bestimmter fundamentalistischer Kreise, in die er hineingeboren wurde und in denen er aufwuchs, nicht anschloss, und Matt Groening, der aus einer mennonitischen Familie stammt, wuchs unter Methodisten auf. Ein altes Bild suggeriert, dass die Prediger dieser Gemeinschaften „der Grenze" mit einer Bibel, einer Axt und einer Zeitung im Gepäck reisten. Es waren also Menschen mit Sinn für das Praktische, die sich dem Gebet und dem Bibelstudium widmeten, aber gleichzeitig auch die Welt um sie herum aufmerksam beobachteten. Und es waren zudem Menschen, die sich im Wald einen Weg bahnen konnten und wussten, wie man aus Baumstämmen ein Floß oder eine Brücke baut.

Der Unterschied zwischen Schulz und Groening – der sich heute übrigens als Agnostiker bezeichnet – besteht allerdings nicht darin, dass sie auf unterschiedlichen Ästen des protestantischen Baums „aufgewachsen" sind, sondern in der Tatsache, dass die religiösen Kontexte, in denen sie jeweils ihre Bleistifte gezückt haben, sich deutlich voneinander unterscheiden. In den fünfziger und sechziger Jahren folgte dem Zweiten Weltkrieg ein großes spirituelles *Revival*, das von den großen protestantischen Kirchen in den USA erkannt und aufgegriffen wurde. In diesen Jahren haben Presbyterianer und Methodisten, Kongregationalisten der United Church of Christ sowie die Episkopalkirchen weiterhin großen Zulauf gefunden, aber vor allem haben sie ihre Position im damaligen kulturellen – wenn nicht sogar politischen – *Establishment* der USA gefestigt. 1958 legte Präsident Eisenhower den Grundstein für das Interchurch Center in New York, ein riesiges Gebäude in weißem Marmor, das als Hauptsitz der damaligen großen *Denominations* dienen sollte, die durch den National Council of Churches zusammen mit den orthodoxen Kirchen unter einem Dach vereint werden sollten. Und so entstand die *God Box*, die Schachtel Gottes, ein weltlicher Tempel, der die Bedeutung der protestantischen Kirchen für die amerikanische Gesellschaft hervorhebt.

Und es ist kein Zufall, dass dieses Gebäude nur wenige Schritte von der Riverside Church errichtet wurde, deren Bau von der Familie Rockefeller gewollt und finanziert wurde; es befindet sich außerdem nur wenige Meter vom Union Theological Seminary entfernt, an dem eine Koryphäe der protestantischen Theologie, Reinhold Niebuhr, lehrte. Auch steht es unweit vom Jewish Theological Seminary, fast so, als wollte man damals daran erinnern, dass die USA kein rein christliches Land waren. In wenigen Blocks zusammengedrängt befand sich also die geballte Kraft der protestantischen Tradition, während sich in der Weltpolitik die amerikanische Hegemonie festigte.

Vierzig oder fünfzig Jahre später präsentieren die Simpsons ein völlig anderes Amerika. Ihre Geschichten verweisen weniger auf eine kulturelle und politische Hegemonie als vielmehr auf eine Krise: Springfield ist keine Insel des Glücks, sondern ein Vorort, der mit allen Problemen einer postindustriellen Gesellschaft zu kämpfen hat. Bart Simpson ist kein netter kleiner Junge, der Baseball spielt und Limonade verkauft, um sich ein paar Cent zu verdienen. Er bohrt in der Nase, verbringt Stunden vor dem Fernseher und besitzt die Frechheit, sogar dann zu lügen, wenn er auf frischer Tat ertappt wird. Homer repräsentiert den Durchschnittsamerikaner mit einer so genannten *Trash*-Seele, die zwar hoch hinaus will, aber nicht dazu in der Lage ist, sich realistische Ziele zu setzen: eine Seele, die Angst vor der Realität hat, aber nicht dazu bereit ist, auch nur das Geringste zu verändern, um eine bessere Zukunft zu schaffen. Es ist ein Amerika, das von vielen Alpträumen geplagt wird und sicherlich nicht als so poetisch und selbstbewusst erscheint wie in den dezenten Anspielungen der Peanuts. In dieser Welt, in der nun alles anders ist, bleibt die Religion eine soziale und kulturelle Konstante, die Vorbilder definiert, über Personen urteilt und bestimmte Verhaltensweisen nahelegt. Reverend Lovejoy, die Lehrerin der Sonntagsschule, Mrs. Albright, der überfromme Ned Flanders und viele andere „artige" Bewohner Springfields kreisen um eine nicht näher definierte First Church, deren Anziehungskraft sich nicht einmal Homer Simpson entziehen kann. Für Säkularisierung ist in Springfield kein Platz. Es ist schließlich nichts Neues, dass in den USA die *church attendance* [Zahl der Gottesdienstbesucher, A. d. Ü.] mehr als doppelt so hoch ist wie in den europäischen Ländern, mit dem höchsten Prozentsatz praktizierender Christen. Damit greifen die Simpsons ein besonderes Merkmal der amerikanischen Gesellschaft auf, das trotz vieler Veränderungen Bestand zu haben scheint. Und das darf uns nicht wundern. Die Vereinigten Staaten stellen seit jeher ein einzigartiges Paradoxon dar, für das es in Wahrheit sowohl eine politische als auch eine kulturelle Erklärung gibt: Die USA sind auf der einen Seite das Land der strikten Trennung von Religion und Staat, die durch einen Verfassungszusatz durchgesetzt wurde, den der alte Jefferson als „Mauer" bezeichnete, durch die die jeweiligen Aufgaben und Zuständigkeitsbereiche klar voneinander abgegrenzt würden. Auf der anderen Seite sind sie das westliche Land, in dem man im Alltag am häufigsten mit Religion konfrontiert wird. Uns Europäern fällt es oft schwer nachzuvollziehen, warum uns die Amerikaner ständig Gottes Segen wünschen, wenn wir ihnen begegnen, oder warum sie Gott gerührt dafür danken, dass ER sie „so reich gesegnet" hat, wenn sie etwas erreicht haben.

Gleichzeitig wirken die riesigen Mega-Kirchen, die am Rande der Großstädte gebaut werden, genauso wie die so genannten *Christian Stores*, in denen man jede Art von „religiösem Zubehör" kaufen kann, auf uns befremdlich. (Das letzte Accessoire, das ich mir gegönnt habe, ist übrigens eine sepiafarbene Krawatte, auf der das Leiden und die Auferstehung Jesu Christi abgebildet sind.) Im Übrigen finden sich selbst in den kleinsten Ortschaften Kirchen fast jeder Denomination, meist Tür an Tür aneinandergereiht, auf ein und derselben Main Street: First Baptist, First Methodist, First Presbyterian, First Lutheran, First United, First Reformed, First Pentecostal ...

Die Wahrheit ist, dass die USA ein sehr gutes Beispiel für die Macht des freien Marktes sind und somit einen soziologischen Lehrsatz bestätigen, den wir vielleicht folgendermaßen zusammenfassen können: je freier der Markt, desto mehr steigen Qualität und Quantität des Angebots. Die Vereinigten Staaten akzeptieren Kirchenverträge genauso wenig wie eine Staatskirche oder auch eine *established church*, wie sie in den USA genannt wird, und räumen keiner Religion oder Glaubensgemeinschaft wirtschaftliche oder soziale Privilegien ein. Alle sind gleich, alle sind frei und allen steht es gleichermaßen frei, um ihre Anhänger zu „konkurrieren". Und wem keine Religion aus dem bestehenden Angebot zusagt, der darf sogar seine eigene gründen und wird ohne besondere Probleme als *Reverend* oder, wenn es seiner Ekklesiologie entspricht, als *Bishop* anerkannt. Das alles hat weder zu dem Relativismus geführt, der im alten Europa so sehr gefürchtet wird, noch zu jener schrittweisen Säkularisierung, die auf dem alten Kontinent dazu geführt hat, dass dort mittlerweile ein Großteil der Kirchen leer stehen. Im Gegenteil, es hat einem Markt Kraft und neuen Antrieb gegeben, durch den das religiöse Angebot ständig bereichert und verbessert wurde: Die Glaubensgemeinschaften haben sich weiterentwickelt. Sie haben die sozialen sowie spirituellen Bedürfnisse breiter Bevölkerungsschichten erkannt und sich auf *Ministries* jeder Art „spezialisiert", sodass jeder (beschränken wir uns auf die Christen) zwischen einem innovativen und einem traditionellen *Service* wählen kann; zwischen einer Theater-Kirche und einem intimeren Gottesdienst. Und es gibt unzählige Programme, zugeschnitten auf Jugendliche, Senioren, Frauen, Alkoholiker, Neubekehrte, Homosexuelle, Soldaten, Gartenfreunde, Golfspieler oder *Harley Davidson*-Fahrer (Bikers for Christ) ... Man muss nur nach dem Richtigen suchen, und das ist heutzutage dank des Internets ein Leichtes.

Man könnte also sagen, dass die Religion in den USA stark ist, weil sie frei ist.

Und sie ist frei, weil sie eine einzigartige und besondere Geschichte hinter sich hat, die die Vereinigten Staaten seit ihren frühen Anfängen geprägt hat, seit dem Zeitpunkt, an dem strenge Puritaner Massachusetts mit ihren Bibeln und ihrem unerschütterlichen Glauben erreichten, mit ihrer strikten Kompromisslosigkeit, aber auch in der festen Absicht, das Gelobte Land zu erreichen, das Gott für sie bereithielt, damit sie dort Zeugnis für ihn ablegten. Wenn wir also tief in der Geschichte Amerikas graben, kommen wir immer wieder zu seinen puritanischen Wurzeln zurück, die sich auf vielfältige Weise ausbreiten und einen Baum nähren, der auch heute noch reiche Frucht bringt.

Der hohe Stellenwert der Religion stellt zwar eine Konstante dar, doch in der Simpsons-Ära ist der Glaube viel lärmender und chaotischer; er hat etwas von seinem persönlichen Charakter verloren und wird immer öffentlicher. Die Religiosität, die Groening präsentiert, ist postmodern, „ohne Konsistenz", muss man heute fast schon sagen, wenn man über kulturelle Phänomene spricht, die gestaltlos und subjektiv sind. Die Simpsons ersparen uns auch nicht die Radikalität der Religiösen Rechten, mit ihrer aufdringlichen Präsenz in den Medien und ihrer politischen Intoleranz. Gleichzeitig „entschuldigen" sie den gütigen und wohlwollenden Fundamentalismus eines Ned Flanders (diesbezüglich weicht meine Sichtweise ein Stück von Brunetto Salvaranis Interpretation ab). Natürlich übertreibt er mit seinen Bibelzitaten, seinen moralischen Bedenken und seinen bibeltreuen Erziehungsmethoden, aber wenn man tief in seine Psyche hineinblickt, findet man eine Erklärung für sein Verhalten: Neds Eltern waren orientierungslose Hippies, was – einem typischen Reaktionsschema zufolge – dazu geführt hat, dass er gerade in der Ausübung der Religion, die ihm als Kind verboten wurde, sich selbst und den Sinn des Lebens entdeckte. Ned ist also ein Fundamentalist, d. h. er legt die Bibel wörtlich aus und glaubt an sie, „auch dann, wenn sie sich widerspricht". Er versucht dadurch, möglichst genaue und konkrete Anweisungen für die Bewältigung seines Alltags zu finden. Auf der anderen Seite ist in ihm nicht die kleinste Spur von Überheblichkeit festzustellen, anders als in den Predigten vieler Fernsehprediger. Auch ist kaum etwas von der Intoleranz der Religiösen Rechten in ihm zu entdecken, die Amerika christianisieren möchte und unaufhörlich Kreuzzüge gegen Homosexuelle, Feministinnen, das Recht auf Abtreibung und die Evolutionstheorie führt.

Somit steht Ned für eine evangelikale Welt, die sich keiner protestantischen Kirche zuordnen lässt, weil ihre Lehre ihr zu „liberal" und der modernen Welt gegenüber zu offen ist. Er gehört dem *Presbylutheranism* von Reverend Lovejoy an, steht aber gleichzeitig nicht unter dem Einfluss der „Theologie des Wohlstands", welche in den *Megachurches* gepredigt wird, die über einen Haushalt von mehreren Millionen Dollar verfügen und die Gottes Segen stets an der Höhe ihres Kontostands messen.

Neds gemäßigter und wohlwollender Fundamentalismus ist ein wichtiger Hinweis auf den Scharfsinn Matt Groenings, mit dem er die heutige sozioreligiöse Dynamik in den USA erfasst hat. Er deckt eine Facette auf, die vielen namhaften Beobachtern, die über die USA schreiben, entgeht: Fundamentalismus muss nicht unbedingt konservativ oder aggressiv sein. Es gibt eine weit verbreitete Art des Christseins, die auf biblischen Überlieferungen, einer strengen Ethik und ehrlicher Solidarität gründet. Wir könnten sie als prämodern, allzu vereinfachend und naiv bezeichnen, aber das würde nichts an der Tatsache ändern, dass es sie gibt und dass sie ein wichtiges Element im religiösen Gesamtbild Nordamerikas darstellt.

Die protestantischen Kirchen – und der *Presbylutheranism* von Reverend Lovejoy – können den evangelistischen Enthusiasmus eines Ned Flanders nur schwer nachvollziehen. Eines der heikelsten und gleichzeitig wichtigsten Themen des religiösen Geschehens in Amerika ist die Polarisierung von Protestantismus auf der einen und einer komplexen *evangelikalen* Welt auf der anderen Seite, die nicht so ohne Weiteres in die Schublade der Religiösen Rechten oder des Fundamentalismus gesteckt werden kann, der sich bei näherer Betrachtung als vielschichtiger und stärker in sich gegliedert herausstellt, als im Allgemeinen angenommen wird. Alle Statistiken besagen, dass die traditionellen Denominationen immer mehr Mitglieder verlieren, während die freien, *evangelikalen* Kirchen, die von einer lebendigeren und intensiveren Spiritualität geprägt sind, immer stärker wachsen.

Bis heute ist ein Vergleich dieser beiden Glaubensrichtungen nicht nur in den USA sehr schwierig. Ursprünglich schienen sie sich hauptsächlich in der Interpretationsweise der Bibel zu unterscheiden: wörtliche Auslegung auf der einen Seite und historischkritische Analyse des Textes auf der anderen. Heute wissen wir aber, dass sie sich darüber hinaus auch in anderen Bereichen stark voneinander unterscheiden: in Fragen der Ethik, dem Verhältnis zwischen Glaube und Wissenschaft und der Begegnung mit anderen Religionen. Man hat den Eindruck, als stünden sich zwei hohe und unumstößliche Mauern gegenüber.

Es ist schwer zu sagen, ob diese Gegenüberstellung noch lange in dieser Form erhalten bleiben wird. Es scheint, als sei eine Veränderung im Gange: und zwar sowohl in den traditionellen protestantischen Kirchen, die sich in verschiedenen Bereichen Elemente, die eher *evangelikal* sind, zu eigen machen, als auch in der *evangelikalen* Welt, die – zumindest in Einzelfällen – aufmerksamer und mit mehr Respekt auf die theologische Auslegung des traditionellen Protestantentums schaut.

Und das alles geschieht in einer Welt, die von Tag zu Tag pluralistischer wird. Tempel, Synagogen, Moscheen, Gurdwaras (Gebetsstätten der Sikhs) und Königreichssäle der Zeugen Jehovas, buddhistische Pagoden und hinduistische Tempel gibt es in Springfield bereits oder wird es bald geben.

Anders als in Europa – und entschieden anders als in Italien –, scheint weniger die Säkularisierung als vielmehr der Pluralismus die Herausforderung für die Religion in den USA darzustellen. Das versteht sogar Homer, auch wenn er aufgrund seiner Faulheit und Dummheit die Fachausdrücke nicht versteht, die im Fernsehen während einer Diskussion zu diesem Thema verwendet werden. Er versucht, aus den Redebeiträgen schlau zu werden, amüsiert sich über die zoomorphen Gottheiten des Hinduismus und denkt darüber nach, wie es wohl wäre, wenn er konvertieren würde. Dann überlegt er es sich doch anders, schnappt sich einen Donut, schaltet auf einen anderen Sender um und beschränkt sich darauf, sein immerwährendes Mantra zu wiederholen: „D'oh!"

Episodenverzeichnis

Abkürzungen

O   Originaltitel
E-US   Erstausstrahlung in den USA
E-IT   Erstausstrahlung in Italien
E-DE   Erstausstrahlung in Deutschland
A   Autor
D   Drehbuch
R   Regie
W   Wissenswertes

Kurzfolgen

MG 22 Die Heiden
O: *The pagans*
Staffel 2, 1987/88
E-US: 14. Februar 1988
In Italien und Deutschland nicht ausgestrahlt

Episoden

7G08 Es weihnachtet schwer
O: *The Simpson's Christmas Special: Simpsons Roasting on an Open Fire*
Staffel 1, 1989/90
E-US: 17. Dezember 1989
E-IT: 24. Dezember 1991 (Canale 5)
E-DE: 6. Dezember 1991

D: Mimi Pond
R: David Silverman
W: Die erste Simpsons-Episode, die in den USA ausgestrahlt wurde

7G07 *Bart köpft Oberhaupt*
O: *The Tell-Tale Head*
Staffel 1, 1989/90
E-US: 25. Februar 1990
E-IT: 22. Oktober 1991 (Canale 5)
E-DE: 8. November 1991
D: Al Jean, Mike Reiss, Sam Simon und Matt Groening
R: Rich Moore
W: Erster Auftritt von Reverend Lovejoy

7F03 *Der Musterschüler*
O: *Bart Gets an F*
Staffel 2, 1990/91
E-US: 11. Oktober 1990
E-IT: 5. Januar 1992 (Canale 5)
E-DE: 20. Dezember 1991
D: David M. Stern
R: David Silverman
W: Weil er *Die Schatzinsel* nicht gelesen hat, muss Bart zur Strafe folgenden Satz mehrmals an die Tafel schreiben: „Ich werde nie wieder versuchen, mich durchs Leben zu mogeln."

7F02 *Karriere mit Köpfchen*
O: *Simpson and Delilah*
Staffel 2, 1990/91
E-US: 18. Oktober 1990
E-IT: 21. Januar 1992 (Canale 5)
E-DE: 10. Januar 1992
D: Jon Vitti
R: Rich Moore
W: Als Homers Haare über Nacht zu einer prachtvollen Mähne wachsen, läuft er freudestrahlend durch die Straßen von Springfield. Das ist eine Anspielung auf den Film *Ist das Leben nicht schön?*.

7F08 *Der Wettkampf*
O: *Dead Putting Society*
Staffel 2, 1990/91
E-US: 15. November 1990
E-IT: 20. Dezember 1992 (Canale5)
E-DE: 7. Februar 1992
S: Jeff Martin
R: Richard Moore
W: Auf den Schnellwahltasten von Ned Flanders' Telefon sind die Telefonnummern „Reverend Lovejoy geschäftlich", „Reverend Lovejoy privat" und „Buchmobil" gespeichert.

7F07 *Bart bleibt hart*
O: *Bart vs. Thanksgiving*
Staffel 2, 1990/91
E-US: 22. November 1990
E-IT: 10. Januar 1993 (Canale 5)
E-DE: 14. Februar 1992
D: George Martin
R: David Silverman
W: Lisa schreibt ein Gedicht, inspiriert durch *Das Geheul* (*Howl*) von Allen Ginsberg: „Ich sah die besten Mahlzeiten meiner Generation vernichtet durch den Wahnsinn meines Bruders / Buß und Reu, knirsch des Bruders Herz entzwei ..."

7F09 *Das Fernsehen ist an allem schuld*
O: *Itchy and Scratchy and Marge*
Staffel 2, 1990/91
E-US: 20. Dezember 1990
E-IT: 3. Januar 1993 (Canale 5)
D: John Schwartzwelder
R: Jim Reardon
W: Die Szene, in der Maggie ihrem Vater mit dem Hammer auf den Kopf schlägt, stammt aus dem Film *Psycho* von Alfred Hitchcock.

7F10 *Bart kommt unter die Räder*
O: *Bart Gets Hit by a Car*
E-US: 10. Januar 1991

E-IT: 3. Dezember 1991 (Canale 5)
E-DE: 6. März 1992
D: John Swartzwelder
R: Mark Kirkland
W: Erster Auftritt des Anwalts Lionel Hutz

7F13 Das achte Gebot
O: *Homer vs. Lisa and the 8th Commandment*
Staffel 2, 1990/91
E-US: 7. Februar 1991
E-IT: 17. Januar 1993 (Canale 5)
E-DE: 27. März 1992
D: Steve Pepoon
R: Rich Moore
W: Homer träumt, dass er sich in der Wüste Sinai im Jahr 1220 v.Chr. befindet und „Homer, der Dieb" ist. Er wacht auf, kurz nachdem Moses auf dem Berg erschienen ist, um die Zehn Gebote zu verkünden.

7F16 Ein Bruder für Homer
O: *Oh, Brother, Where Art Thou?*
Staffel 2, 1990/91
E-US: 21. Februar 1991
E-IT: 31. Januar 1993 (Canale 5)
E-DE: 10. April 1992
D: Jeff Martin
R: Wesley Archer
W: Der Schauspieler Danny De Vito spricht die Rolle von Herb Powell.

7F23 Ein Fluch auf Flanders
O: *When Flanders Failed*
Staffel 3, 1991/92
E-US: 3. Oktober 1991
E-IT: 7. November 1993 (Canale 5)
E-DE: 13. Januar 1993
D: Jon Vitti
R: Jim Reardon

W: Im englischen Original benutzt Lisa das deutsche Wort „Schadenfreude", um Homers Gefühle gegenüber Flanders zu beschreiben.

8F04 *Der Ernstfall*
O: *Homer Defined*
Staffel 3, 1991/92
E-US: 17. Oktober 1991
E-IT: 21. November 1993 (Canale 5)
E- DE: 14. Januar 1993
D: Howard Gerwitz
R: Mark Kirkland
W: Der Basketballspieler Earvin „Magic" Johnson jr. hat eine Gastrolle und spricht sich selbst.

8F05 *Der Vater eines Clowns*
O: *Like Father, Like Clown*
Staffel 3, 1991/92
E-US: 24. Oktober 1991
E-IT: 28. November 1993 (Canale 5)
E-DE: 11. Januar 1993
D: Jay Kogen und Wallace Wolodarsky
R: Jeffrey Lynch und Brad Bird
W: Nachdem Krusty ein Gebet auf Hebräisch spricht, fängt Homer an zu kichern und sagt: „Er betet ja in seiner Clownsprache!"

8F20 *Bis dass der Tod euch scheidet*
O: *Black Widower*
Staffel 3, 1991/92
E-US: 9. April 1992
E-IT: 27. Februar 1994 (Canale 5)
E-DE: 10. Februar 1993
A: Thomas Chastain und Sam Simon
D: Jon Vitti
R: David Silverman
W: Im Gefängnis fertigt Sideshow Bob unter anderem Autoschilder mit den Aufschriften „DIE BART", „RIP BART" und „I H8 BART" an.

9F01 *Ein gotteslästerliches Leben*
O: *Homer the Heretic*
Staffel 4, 1992/93
E-US: 8. Oktober 1992
E-IT: 10. April 1994 (Canale 5)
E-DE: 21. April 1994
D: George Meyer
R: Jim Reardon
W: In Homers erstem Traum hat Gott an jeder Hand fünf Finger, während er in seinem zweiten Traum kurz vor Ende der Episode nur vier hat (so wie jede andere Simpsons-Figur auch).

9F14 *Keine Experimente*
O: *Duffless*
Staffel 4, 1992/93
E-US: 18. Februar 1993
E-IT: 16. Oktober 1994 (Canale 5)
E-DE: 4. September 1994
D: David M. Stern
R: Jim Reardon
W: Auf Homers Führerschein, der ihm vom Richter entzogen wurde, erscheint sein Geburtsdatum: 12. Mai 1956 (in Episode 7F02 hieß es aber, er sei 1955 geboren).

9F20 *Marge wird verhaftet*
O: *Marge in Chains*
Staffel 4, 1992/93
E-US: 6. Mai 1993
E-IT: 27. November 1994 (Canale 5)
E-DE: 7. August 1994
D: Bill Oakley und Josh Weinstein
R: Jim Reardon
W: Der Sänger David Crosby spricht sich selbst.

1F04 *Die Fahrt zur Hölle*
O: *Treehouse of Horror IV: The Simpson's Halloween Special IV*
Staffel 5, 1993/94
E-US: 28. Oktober 1993

E-IT: 19. Februar 1995 (Canale 5)
E-DE: 8. April 1995
D: Conan O'Brian, Bill Oakley, Josh Weinstein, Greg Daniels, Dan McGrath, Bill Canterbury
R: David Silverman
W: Diese Episode ist zum größten Teil eine Parodie von Bram Stokers *Dracula* und dessen Verfilmung unter der Regie von Francis Ford Coppola.

1F12 *Lisa kontra Malibu Stacy*

O: *Lisa vs. Malibu Stacy*
Staffel 5, 1993/94
E-US: 17. Februar 1994
E-IT: 30. April 1995 (Canale 5)
E-DE: 13. Mai 1995
D: Bill Oakley und Josh Weinstein
R: Jeffrey Lynch
W: Stacy Lovell wird in der englischen Originalfassung von Kathleen Turner gesprochen und in der italienischen von Leo Gullotta.

1F14 *Homie und Neddie*

O: *Homer Loves Flanders*
Staffel 5, 1993/94
E-US: 17. März 1994
E-IT: 30. September 1995 (Canale 5)
E-DE: 27. Mai 1995
D: David Richardson
R: Wesley Archer
W: In einer Szene läuft Homer Flanders' Auto hinterher. Das ist eine Anspielung auf den Film *Terminator 2*.

1F21 *Liebhaber der Lady B.*

O: *Lady Bouvier's Lover*
Staffel 5, 1993/94
E-US: 12. Mai 1994
E-IT: 7. Mai 1995 (Canale 5)
E-DE: 1. Juli 1995

D: Bill Oakley und Josh Weinstein
R: Wesley Archer
W: In der Episode wird das Lied *Sing Sing Sing* von Benny Goodman gespielt.

1F20 *Ehegeheimnisse*
O: *Secrets of a Successful Marriage*
Staffel 5, 1993/94
E-US: 19. Mai
E-IT: 21. Oktober 1995 (Canale 5)
E-DE: 8. Juli 1995
D: Greg Daniels
R: Carlos Baeza
W: In der Volkshochschule leiten Patty und Selma den Kurs „Mach einen Mann zu Wachs in deinen Händen", Moe unterrichtet „Funk-Dance zur Selbstverteidigung", Lenny demonstriert, „wie man Tabak kaut", und Hans Maulwurf, „wie man eine Orange isst".

2F02 *Tingeltangel-Bob*
O: *Sideshow Bob Roberts*
Staffel 6, 1994/95
E-US: 9. Oktober 1994
E-IT: 23. Dezember 1995 (Canale5)
E-DE: 12. August 1995
D: Bill Oakley und Josh Weinstein
R: Mark Kirkland
W: In dieser Episode hat Fred Feuerstein einen kurzen Auftritt, dem der legendäre Henry Corden seine Stimme leiht.

2F04 *Barts Freundin*
O: *Bart's Girlfriend*
Staffel 6, 1994/95
E-US: 6. November 1994
E-IT: 4. November 1995 (Canale 5)
E-DE: 19. August 1995
D: Jonathan Collier
R: Susie Dietter
W: Jessica Lovejoy wird von Meryl Streep gesprochen.

2F12 *Homie, der Clown*
O: *Homie the Clown*
Staffel 6, 1994/95
E-US: 12. Februar 1995
E-IT: 10. Februar 1996 (Canale 5)
E-DE: 22. Oktober 1995
D: John Swartzwelder
R: David Silverman
W: Krusty: „Ah, es gibt nichts Besseres als eine Zigarette! Besonders eine, die man mit einem Hundert-Dollar-Schein anzündet!"

2F32 *Zu Ehren von Murphy*
O: *Round Springfield*
Staffel 10, 1998/99 [gehört eigentlich zu Staffel 6, 1994/95, A. d. Ü.]
E-US: 30. April 1995
E-IT: 3. Mai 1999 (Italia 1)
E-DE: 31. Dezember 1995
A: Mike Reiss und Al Jean
D: Joshua Sternin und Jeffrey Wentimilia
R: Steven Dean Moore
W: Vor der Grundschule ist auf einer Tafel Folgendes zu lesen: „Heute Abend: Aufführung des Schulorchesters, ausverkauft. Morgen: Barbara Streisand, noch Karten verfügbar."

2F22 *Auf zum Zitronenbaum*
O: *Lemon of Troy*
Staffel 6, 1994/95
E-US: 14. Mai 1995
E-IT: 13. April 1996
E-DE: 17. Dezember 1995
D: Brent Forrester
R: Jim Reardon
W: Der Tafelgag, der während der Titelmelodie zu sehen ist, lautet: „Der erste Zusatzparagraph zur Verfassung beinhaltet nicht ‚rülpsen'!"

2F20 *Wer erschoss Mr. Burns? – Teil 2*
O: *Who Shot Mr. Burns? (Part Two)*

Staffel 7, 1995/96
E-US: 17. September 1995
E-IT: 30. März 1996 (Canale 5)
E-DE: 4. November 1996
D: Bill Oakley und Josh Weinstein
R: Wesley Archer
W: Der berühmte Jazzmusiker Tito Puente hat einen Gastauftritt und spricht sich selbst.

3F01 *Bei Simpsons stimmt was nicht!*
O: *Home Sweet Home-Dum-Diddly-Doodly*
Staffel 7, 1995/96
E-US: 1. Oktober 1995
E-IT: 27. April 1996 (Canale 5)
E-DE: 6. November 1996
D: Jon Vitti
R: Susie Dietter
W: Auf dem Weg zum Haus der Simpsons überfahren die Beamten des Jugendamts ein auf der Straße liegendes Dreirad ...

3F02 *Bart verkauft seine Seele*
O: *Bart Sells His Soul*
Staffel 7, 1995/96
E-US: 8. Oktober 1995
E-IT: 21. Juli 1996
E-DE: 7. November 1996
D: Greg Daniels
R: Wesley Archer
W: Homer schlägt unter anderem folgende Namen für Moe's neues Familienrestaurant vor: „Der große Vorsitzende Moe und sein magischer Wok" und „Mr. Moe's Monsterdampfschnellkochtopf".

3F31 *Die 138. Episode, Eine Sondervorstellung*
O: *The Simpsons' 138th Show Spectacular*
Staffel 7, 1995/96
E-US: 3. Dezember
E-IT: 13. September 1998 (Italia 1)
E-DE: 27. Oktober 1997

D: Penny Wise
R: Pound Foolish
W: Die Schauspielerin Glenn Close synchronisiert Mama Simpson und der Astronaut Buzz Aldrin spricht sich selbst. Die Episode beinhaltet entfallene Szenen, falsche Informationen, nie gezeigte Bilder, alternative Enden und verschiedene Nacktszenen sowohl aus den Kurzfolgen als auch aus den bis dahin gezeigten Episoden.

3F13 *Das geheime Bekenntnis*
O: *Lisa the Iconoclast*
Staffel 7, 1995/96
E-US: 18. Februar 1996
E-IT: 29. Juni 1996 (Canale 5)
E-DE: 21. November 1996
D: Jonathan Collier
R: Mike B. Anderson
W: Der Schauspieler Donald Sutherland leiht Hollis Hurlbutt seine Stimme.

3F21 *Homer auf Tournee*
O: *Homerpalooza*
Staffel 7, 1995/96
E-US: 19. Mai 1996
E-IT: 23. Februar 1998 (Italia 1)
E-DE: 3. Dezember 1996
D: Brent Forrester
R: Wesley Archer
W: Der Sänger und Gitarrist Peter Frampton sowie die Rockgruppen Cypress Hill, Smashing Pumpkins und Sonic Youth (oder, besser gesagt, ihre Zeichentrick-Versionen) haben einen Gastauftritt.

4F07 *Der total verrückte Ned*
O: *Hurricane Neddy*
Staffel 8, 1996/97
E-US: 29. Dezember 1996
E-IT: 5. März 1998 (Italia 1)
E-DE: 5. November 1997
D: Steve Young

R: Bob Anderson
W: Todd Flanders trägt ein T-Shirt, auf dem „Butthole Surfers"
steht [„Arschloch-Surfer". „Butthole Surfers" ist der Name einer
amerikanischen Band, A. d. Ü.].

3F24 *Homers merkwürdiger Chili-Trip*
O: *El Viaje Misterioso De Nuestro Jomer (The Mysterious Voyage of
Our Homer)*
Staffel 8, 1996/97
E-US: 5. Januar 1997
E-IT: 25. Februar 1998 (Italia 1)
E-DE: 10. November 1997
D: Ken Keeler
R: Jim Reardon
W: Der Country-Sänger Johnny Cash leiht Homers Schutzengel, ei-
nem Kojoten, seine Stimme.

4F13 *Babysitten – Ein Alptraum*
O: *My Sister, My Sitter*
Staffel 8, 1996/97
E-US: 2. März 1997
E-IT: 13. März 1998 (Italia 1)
E-DE: 13. November 1997
D: Dan Greaney
R: Jim Reardon
W: In dieser Episode behauptet Bart, 2 Jahre und 38 Tage älter als
Lisa zu sein.

4F16 *Der tollste Hund der Welt*
O: *The Canine Mutiny*
Staffel 8, 1996/97
E-US: 13. April 1997
E-IT: 17. März 1998 (Italia 1)
E-DE: 18. November 1997
D: Ron Hauge
R: Dominic Polcino
W: In dieser Episode sind *You Really Got Me* von den Kinks und
Jammin' von Bob Marley zu hören.

4F17 Der alte Mann und Lisa
O: *The Old Man and the Lisa*
Staffel 8, 1996/97
E-US: 20. April 1997
E-IT: 18. März 1998
E-DE: 19. November 1997
D: John Swartzwelder
R: Mark Kirkland
W: Der *Wrestler* Bret „Hitman" Hart spricht sich selbst.

4F18 Marge als Seelsorgerin
O: *In Marge We Trust*
Staffel 8, 1996/97
E-US: 27. April 1997
E-IT: 19. März 1998 (Italia 1)
E-DE: 20. November 1997
D: Donick Cary
R: Steven Dean Moore
W: Meister Glanz wird vom japanischen Schauspieler Sab Shimono synchronisiert. Sein Kollege und Landsmann Gedde Watanabe spricht die Rolle des Arbeiters. In dieser Episode hören wir das Lied *Jesus is Just Alright* von den Doobie Brothers.

5F04 Hochzeit auf indisch
O: *The Two Mrs. Nahasapeemapetilons*
Staffel 9, 1997/98
E-US: 16. November 1997
E-IT: 27. September 1998 (Italia 1)
E-DE: 15. Oktober 1998
D: Richard Appel
R: Steven Dean Moore
W: Erster Auftritt von Manjula. In einer Szene erklingt *Stayin' Alive* von den Bee Gees.

5F05 Der Tag der Abrechnung
O: *Lisa the Skeptic*
Staffel 9, 1997/98
E-US: 23. November 1997

E-IT: 27. September 1998 (Italia 1)
D: David X. Cohen
R: Neil Affleck
W: Der amerikanische Naturwissenschaftler Stephen Jay Gould spricht seine Rolle selbst.

5F07 *Die Lieblings-Unglücksfamilie*
O: *Miracle on Evergreen Terrace*
Staffel 9, 1997/98
E-US: 21. Dezember 1997
E-IT: 27. April 1999 (Italia 1)
E-DE: 20. Oktober 1998
D: Ron Hauge
R: Bob Anderson
W: Nach *Es weihnachtet schwer* (7G08) und *Das schwarze Schaf* (3F07) ist dies nun das dritte Simpsons-Weihnachtsspecial.

5F23 *In den Fängen einer Sekte*
O: *The Joy of Sect*
Staffel 9, 1997/98
E-US: 8. Februar 1998
E-IT: 20. April 1999 (Italia 1)
E-DE: 23. Oktober 1998
D: Steve O'Donnell
R: Steven Dean Moore
W: Am Flughafen von Springfield weist ein Schild darauf hin, dass es „keinen Flugzeugabsturz" gegeben hat, und ein anderes Schild darunter sagt: „seit Dienstag".

5F16 *König der Berge*
O: *King of the Hill*
Staffel 9, 1997/98
E-US: 3. Mai 1998
E-IT: 16. April 1999 (Italia 1)
E-DE: 29. Oktober 1998
D: John Swartzwelder
R: Steven Dean Moore

W: Brad wird von dem Schauspieler Brendan Fraser synchronisiert und sein Kollege Steven Weber leiht Neil seine Stimme.

5F20 *Ein jeder kriegt sein Fett*
O: *Lard of the Dance*
Staffel 10, 1998/99
E-US: 23. August 1998
E-IT: 13. September 1999 (Italia 1)
D: Jane O'Brien
R: Dominic Polcino
W: Alex Whitney wird von der Schauspielerin Lisa Kudrow gesprochen.

AABF06 *Wir fahr'n nach ... Vegas*
O: *Viva Ned Flanders*
Staffel 10, 1998/99
E-US: 10. Januar 1999
E-IT: 23. September 1999 (Italia 1)
E-DE: 24. November 1999
D: David M. Stern
R: Neil Affleck
W: Die Popgruppe Moody Blues hat einen Gastauftritt und die jeweiligen Bandmitglieder sprechen sich selbst; in dieser Episode hören wir außerdem *Viva Las Vegas* von Elvis Presley.

AABF11 *Apu und Amor*
O: *I'm With Cupid*
E-US: 14. Februar 1999
E-IT: 28. September 1999 (Italia 1)
E-DE: 30. November 1999
D: Dan Greaney
R: Bon Anderson
W: In dieser Episode wird *Your Song* von Elton John gespielt, der auch einen Gastauftritt hat und sich selbst spricht.

AABF10 *Marge Simpson im Anmarsch*
O: *Marge Simpson in „Screaming Yellow Honkers"*
Staffel 10, 1998/99

E-US: 21. Februar 1999
E-IT: 29. September 1999 (Italia 1)
E-DE: 1. Dezember 1999
D: David M. Stern
R: Mark Kirkland
W: Der amerikanische Liedermacher Hank Williams jr. singt den Canyonero-Jingle.

AABF14 *Bibelstunde, einmal anders*
O: *Simpsons Bible Stories*
Staffel 10, 1998/99
E-US: 4. April 1999
E-IT: 2. Oktober 1999 (Italia 1)
E-DE: 6. Dezember 1999
D: Tim Long, Larry Doyle, Matt Selman
R: Nancy Kruse
W: In der Szene, in der wir Homer als König Salomo sehen, lautet sein nächster Fall: „Jesus Christus gegen Checker Streitwagen".

BABF06 *Bart hat die Kraft*
O: *Faith Off*
Staffel 11, 1999/2000
E-US: 16. Januar 2000
E-IT: 25. Oktober 2000 (Italia 1)
E-DE: 6. November 2000
D: Frank Mula
R: Nancy Kruse
W: Als der Jude Krusty durch den Glaubensbruder geheilt wird, sagt er: „Hey, ihr Heiden seid doch ganz in Ordnung!"

BABF11 *Der beste Missionar aller Zeiten*
O: *Missionary: Impossible*
Staffel 11, 1999/2000
E-US: 20. Februar 2000
E-IT: 3. November 2000 (Italia 1)
E-DE: 4. Dezember 2000
D: Ron Hauge
R: Steven Dean Moore

W: Am Ende dieser Episode sehen wir, dass auch Bender ans Telefon geht. Bender ist ein Roboter aus *Futurama*, einer anderen Zeichentrickserie, die der Feder von Matt Groening entsprungen ist.

CABF09 *Der hungrige, hungrige Homer*
O: *Hungry Hungry Homer*
Staffel 12, 2000/01
E-US: 4. März 2001
E-IT: 18. Oktober 2001 (Italia 1)
E-DE: 7. Januar 2002
D: John Swartzwelder
R: Nancy Kruse
W: Im Couchgag sehen wir die Simpsons als Karate-Kämpfer. Sie zertrümmern das Sofa, die Kommode und die Lampe. Dann zieht Homer plötzlich die Fernbedienung, als wäre sie eine Waffe, und schaltet damit den Fernseher ein.

CABF15 *Wunder gibt es immer wieder*
O: *I'm Going To Praiseland*
Staffel 12, 2000/01
E-US: 6. Mai 2001
E-IT: 24. Oktober 2001 (Italia 1)
E-DE: 4. Februar 2002
D: Julie Thacker
R: Chuck Sheetz
W: Der Tafelgag lautet: „Vererbungslehre ist keine Ausrede".

DABF02 *Allein ihr fehlt der Glaube*
O: *She Of Little Faith*
Staffel 13, 2001/02
E-US: 16. Dezember 2001
E-IT: 8. Oktober 2003 (Italia 1)
E-DE: 15. März 2003
D: Bill Freiberger
R: Steven Dean Moore
W: Richard Gere spricht sich selbst. Das Raumschiff, das am Anfang der Episode gezeigt wird, ist das aus *Futurama*.

EABF06 *Ein kleines Gebet*
O: *Pray Anything*
Staffel 14, 2002/03
E-US: 9. Februar 2003
E-IT: 19. Januar 2005 (Italia 1)
E-DE: 13. März 2004
D: Sam O'Neal und Neal Boushell
R: Michael Polcino
W: Die Basketballspielerin Lisa Leslie hat einen Gastauftritt und spricht ihre Rolle selbst.

EABF21 *Todesgrüße aus Springfield*
O: *Treehouse of Horror XIV*
Staffel 15, 2003/04
E-US: 2. November 2003
E-IT: 31. Oktober 2005 (Italia 1)
E-DE: 30. Oktober 2004
D: John Swartzwelder
R: Steven Dean Moore
W: Die Rolle von Prof. John Frink sen. wird von Jerry Lewis gesprochen, während Jennifer Garner sich selbst spricht.

FABF10 *Marge im Suff*
O: *Co-Dependant's Day*
Staffel 15, 2003/04
E-US: 21. März 2004
E-IT: 3. Juni 2005 (Italia 1)
E-DE: 15. Januar 2005
D: Matt Warburton
R: Bob Anderson
W: Couchgag: Die Familie setzt sich auf das Sofa, altert sehr schnell und zerfällt schließlich zu Staub.

GABF14 *Das jüngste Gericht*
O: *Thank God, It's Doomsday*
Staffel 16, 2004/05
E-US: 8. Mai 2005
E-IT: 20. März 2006 (Italia 1)

E-DE: 28. Januar 2006
D: Don Payne
R: Michael Marcantel
W: Couchgag: Die Familie betritt das Wohnzimmer und setzt sich auf das Sofa. Alle Familienmitglieder sehen im Gesicht aus wie Moe.

GABF09 *Der Vater, der Sohn und der Heilige Gaststar*
O: *The Father, The Son & The Holy Guest Star*
Staffel 16, 2004/05
E-US: 22. Mai 2005
E-IT: 22. März 2006 (Italia 1)
E-DE: 11. Februar 2006
D: Matt Warburton
R: Michael Polcino
W: Liam Neeson leiht Pater Sean seine Stimme.

HABF01 *Simpsons Weihnachtsgeschichten*
O: *Simpsons Christmas Stories*
Staffel 17, 2005/06
E-US: 18. Dezember 2005
E-IT: 23. Dezember 2006 (Italia 1)
E-DE: 5. November 2006
D: Don Payne
R: Steven Dean Moore
W: In der italienischen Fassung spricht Mike Bongiorno den Weihnachtsmann.

Film

Die Simpsons – Der Film
O: *The Simpsons – The Movie*
Filmstart in den USA: 27. Juli 2007
Filmstart in Italien: 14. September 2007
Filmstart in Deutschland: 26. Juli 2007
Gastrollen: Tom Hanks (spricht sich selbst), Green Day (sprechen sich ebenfalls selbst)

D: Matt Groening und andere
R: David Silverman
W: Der erste Trailer, der in den USA gezeigt wurde, dauert nur 25 Sekunden und beginnt mit dem Superman-„S". Die Stimme eines Erzählers „kündigt den größten Superhelden in der Geschichte Amerikas" an ... dann wird Homer Simpson eingeblendet, der in weißen Unterhosen auf der Couch sitzt und sagt, er habe seinen Text vergessen ...

Anmerkung:

Das Buch enthält außerdem Zitate aus folgenden Episoden, die im Episodenverzeichnis fehlen:

2F10 Und Maggie macht drei
O: And Maggie Makes Three

4F01 Lisa will lieben (S. 110)
O: Lisa's Date with Density

5F17 Die Kugel der Isis
O: Lost Our Lisa

FABF01 Krustys Bar Mitzvah (S. 61)
O: Today I Am a Clown

FABF22 Marges alte Freundin (S. 89)
O: She Used to Be My Girl

AABF18 Die Stadt der primitiven Langweiler (S. 39)
O: They Saved Lisa's Brain

Namenverzeichnis

Anmerkungen

[1] Für eine Einführung in die Thematik der narrativen Theologie verweise ich auf mein Buch: *In principio era il racconto. Verso una teologia narrativa (Am Anfang war die Erzählung. Auf dem Weg zu einer narrativen Theologie)*, Bologna, EMI, 2004.

[2] Vgl. R. WILLIAMS: *Ressurection. Interpreting the Easter Gospel*, Darton, Longman & Todd, 2002.

[3] P. DI STEFANO: *Il protagonista di uno show (Der Protagonist einer Show)*, in „Corriere della Sera", 19. Februar 2008, S. 25.

[4] Hier das vollständige Zitat aus dem Brief, den Dietrich Bonhoeffer am 30.04.1944 an seinen Freund E. Bethge schrieb: „Die Religiösen sprechen von Gott, wenn menschliche Erkenntnis (manchmal schon aus Denkfaulheit) zu Ende ist oder wenn menschliche Kräfte versagen – es ist eigentlich immer der deus ex machina, den sie aufmarschieren lassen, entweder zur Scheinlösung unlösbarer Probleme oder als Kraft bei menschlichem Versagen, immer also in Ausnutzung menschlicher Schwäche bzw. an den menschlichen Grenzen". (Nach der Abschrift in D. BONHOEFFER: *Widerstand und Ergebung. Briefe und Aufzeichnungen aus der Haft*. Herausgegeben von Eberhard Bethge, Neuausgabe München, Kaiser, Brief: 1970, S. 303–308, Zitat: S. 307).

[5] K. BARTH: *Der Römerbrief*, 16. Auflage, Zürich, Theologischer Verlag, 1999. – Wenn auch nur am Rande, so möchte ich an dieser Stelle doch eine kurze Anekdote, die zu den schönsten Erinnerungen aus meiner Jugendzeit gehört, einfügen: Ich habe es Karl Barth und seiner Neuauslegung des Werks von Søren Kierkegaard, die mir während meines letzten Jahres auf dem Gymnasium in die Hände gefallen war, zu verdanken, dass sich meine Leidenschaft für die Theologie entfacht hat. Die Entdeckung dieses Werks hat mich dazu bewogen, im Rahmen meiner Abiturprüfungen eine Hausarbeit über die Beziehung zwischen dem dänischen Schriftsteller und Theologen und dem Schweizer Theologen zu verfassen, und zwar u. a. vor dem Hintergrund des Issenheimer Altars des flämischen Malers Matthias Grünewald.

[6] I. CALVINO: *Sechs Vorschläge für das nächste Jahrtausend. Harvard-Vorlesungen*. München, Hanser, 1991.

[7] Ich beziehe mich hier auf zwei Bücher, die ich gemeinsam mit Raffaele Mantegazza verfasst habe und die den Nutzen der Comics als didaktische Hilfsmittel darlegen: *Disturbo se fumetto?*, Milano, Unicopli, 1998, und *Le strisce dei lager. I fumetti e la Shoà*, Milano, Unicopli, 2000.

[8] R. Thompson in „Orlando Sentinel", 2. Dezember 2000.

[9] D. BUZZATI: *Due grandi personaggi*, Prefazione a W. Disney, *Vita e dollari di Paperon de' Paperoni*, Milano, Mondadori, 1968, S. 5.

[10] U. Eco: *Apokalyptiker und Integrierte. Zur kritischen Kritik der Massenkultur.* Fischer, Frankfurt/M., 1984.

[11] Für einen Überblick über die Behandlung von religiösen Themen in zeitgenössischen Comics vgl. meinen Artikel *Dai Simpson a Dylan Dog, la sacralità dei Comics (Von den Simpsons bis zu Dylan Dog)*, erschienen in: „Vita e Pensiero", Nr. 5 (2003), S. 117–121.

[12] Aus der Episode „Marge als Seelsorgerin", auf die wir später noch zurückkommen werden.

[13] A. Oz: *Wie man Fanatiker kuriert*, Frankfurt/M., Suhrkamp, 2004, vgl. bes. S. 55–58.

[14] Ebd., S. 55.

[15] Aus der italienischen Tageszeitung „La Repubblica", 21. März 1998.

[16] Am 16. Februar 1997 hatten die *Simpsons* die *Flintstones* übrigens als Zeichentrickserie, die am längsten vom amerikanischen Fernsehen zur Hauptsendezeit ausgestrahlt wurde, bereits überholt.

[17] Zu diesem Thema habe ich bereits einen Artikel mit dem Titel *Dio, Homer e la ciambella (Gott, Homer und der Donut)* geschrieben, der in der Monatszeitschrift „Jesus" (Nr. 2, Februar 2008, S. 74–77) erschienen ist. Die Veröffentlichung des Artikels, der gleichzeitig auch die Grundlage für dieses Buch ist, hat eine regelrechte Flut von Kommentaren im Internet ausgelöst; die meisten davon brachten Überraschung und Wohlgefallen zum Ausdruck, einige waren sarkastisch und andere (allerdings nur wenige) offen negativ und spöttisch. Abgesehen von den Bekenntnissen einiger Priester, die die *Simpsons* schon in ihre Predigten einbauten, hat mich die Überschrift eines Blogs überrascht, die da lautete: *Priester dürfen sich die Simpsons anschauen!* Es scheint fast so, als habe die Betrachtung der Serie aus dem Blickwinkel eines Theologen dazu geführt, dass sich für die sympathische gelbe Familie nun auch die Türen der Kirche geöffnet haben. Ich möchte hier den Kommentar von Patrizio Righero wiedergeben, der mir besonders nennenswert erscheint, weil er viele kritische Impulse beinhaltet: „Die Zeitschrift ‚Jesus' berichtet über *Die Simpsons*. Allein diese Tatsache sorgt vielleicht für mehr Aufsehen als der Artikel selbst, der zwar gut geschrieben, aber auch nichts Außergewöhnliches ist. Die Fans der Serie – und ganz besonders die pastoralen Mitarbeiter unter ihnen – wissen schon lange, dass *Die Simpsons* die Überbringer einer sehr interessanten Botschaft sind. Die unzensierte Herangehensweise an das Thema Religion, die in Italien so nicht möglich wäre, hat etwas Befreiendes. In der italienischen Fernseh- und Kinolandschaft wird der Glaube – insbesondere der katholische – entweder bis ins Groteske hinein verherrlicht (Filme über Pater Pio usw.) oder auf ebenso groteske Art und Weise angegriffen (von Luttazzi & Co.) oder einfach ignoriert (von dem Rest). Diese lustige gelbe Familie ist also genau das, was wir brauchen, weil sie über den Glauben diskutiert; ein Glaube, der trennt und vereint ... wie im wahren Leben. Wir präsentieren euch hier diesen Artikel, der in ‚Jesus' veröffentlicht wurde, weil er gut geschrieben ist und weil es dem Autor gelungen ist, mit einem Augenzwinkern über das Wesentliche zu sprechen. Insgeheim hegen wir den Wunsch, dass sich die Pastorale für ihre Arbeit in den Gemeinden dieser TV-Serie bedient ... wir berichten demnächst wieder auf diesen Seiten! Und nun ... *fresst meine Shorts!*" (www.sognandoemmaus.ilcannocchiale.it).

[18] „Manchmal handelt es sich um offensichtliche Zitate, die vielleicht sogar durch eine prominente Persönlichkeit noch verstärkt werden, manchmal sind es aber auch nur Andeutungen; versteckte Hinweise, die hier und da eingestreut werden. Ein Versteckspiel, das besonders gut in unsere Zeit passt, in der das Zitat und die Verknüpfung von Ideen immer weiter in den Mittelpunkt der Unterhaltungsindustrie und unserer eigenen Denkweise rücken (ganz zu schweigen vom Internet, das ja seine Existenz auf das Prinzip der Hyperlinks gründet." (L. CASTELLI: Vent'anni con i Simpson (Zwanzig Jahre mit den Simpsons), in: „Il Mucchio", Nr. 636/637 [2007], S. 123).

[19] Für eine Gegenüberstellung von Life in Hell und den Simpsons vgl. den Artikel von G. MEOTTI: Matt Groening, per farsi leggere meglio, si è fatto coniglio (Um besser verstanden zu werden, hat sich Matt Groening zum Hasen gemacht), in: „Il Foglio", 24. August 2003.

[20] G. MARX: O quest'uomo è morto, o il mio orologio si è fermato (Entweder ist dieser Mann tot, oder meine Uhr ist stehen geblieben), hrsg. von S. Kanfer, Torino, Einaudi, 2001, S. 217.

[21] Das englische Wort Continuity verweist auf die Tatsache, dass sich in einigen Zeichentrickserien die Autoren bewusst gegen die Widersprüchlichkeit und stattdessen für Kohärenz und Kontinuität in der Entwicklung der Ereignisse und Personen entscheiden. Wohlgemerkt, kein leichtes Unterfangen ...

[22] Ich verweise an dieser Stelle auf einen Essay von F. BARBOLINI: Benvenuti in casa Simpson. Fenomenologia di una famiglia media americana. (Willkommen bei den Simpsons. Eine durchschnittliche amerikanische Familie), Piombino, Il Foglio, 2006.

[23] Eine gelungene Darstellung dieser bereits allgemein anerkannten These kann in einem Aufsatz von G. MICHELONE nachgelesen werden: I Simpson tra famiglia e religione (Die Simpsons zwischen Familie und Religion). In: S. GORLA, P. GUIDUCCI (Hrsg.): La fede a strisce (Der Glaube in [Comic-]Streifen), Rimini, Cartoon Club, 2000, S. 120–124. Ich werde später noch einmal auf dieses Werk zurückkommen, möchte aber zunächst auf ein weiteres Buch aufmerksam machen, an dem Michelone mitgewirkt hat. Es ist eines der ersten italienischen Bücher, die sich mit der gelbsten Familie der Welt beschäftigen: P. MARCHISIO, G. MICHELONE: I Simpson. L'allucinazione die una sit-com (Die Simpsons. Illusion einer Sitcom), Rom, Castelvecchi, 1999. Im darauf folgenden Jahr wurde ein weiteres Buch veröffentlicht: G. MICHELONE: I Simpson. Mailand, Bompiani, 2000 (mit einem Vorwort von Aldo Nove und einem Nachwort von Enrico Ghezzi).

[24] In einem Sammelband, auf den ich später noch einmal zurückkommen werde, wurde ein sehr schöner Aufsatz über den Sinn des Schweigens der kleinen Maggie veröffentlicht: E. BRONSON: Warum Maggie wichtig ist – Klänge der Stille, aus Ost und West. In: W. IRWIN, M. T. CONARD, A. J. SKOBLE (Hrsg.): Die Simpsons und die Philosophie. Tropen-Verlag. Berlin. 6. Auflage, 2007. In diesem kühnen, gut durchdachten Werk schlägt der Autor eine Brücke zwischen der Figur der kleinen Maggie und großen Denkern wie Konfuzius, Sartre, Wittgenstein und Heidegger.

[25] Es ist immer wieder eine Freude, Umberto Ecos Worte zu lesen, deshalb führe ich hier das vollständige Zitat an: „Den eklatantesten Fall einer Reduktion vom Supermann zum Jedermann haben wir in Italien in der Gestalt des TV-Quizmasters Mike Bongiorno und seiner Karriere. Idolisiert von Millionen, verdankt die-

ser Mann seinen Erfolg der Tatsache, daß aus jeder Handlung und jedem Wort der Figur, die er vor den Fernsehkameras verkörpert, eine absolute Mittelmäßigkeit spricht, verbunden mit (und dies ist die einzige Tugend, die er im Übermaß besitzt) einem direkten und natürlichen Charme, der sich durch die Tatsache erklären läßt, daß an ihm keinerlei Künstlichkeit oder Schauspielerei zu erkennen ist. [...] So überzeugt Mike Bongiorno das Publikum durch ein lebendiges und triumphierendes Beispiel vom Wert der Mediokrität. Er provoziert keine Minderwertigkeitskomplexe, obwohl er sich selbst als Idol präsentiert, und das dankbare Publikum lohnt es ihm mit seiner Liebe. Er repräsentiert ein Ideal, das zu erreichen sich niemand anstrengen muß, denn jeder ist schon auf seinem Niveau. Keine Religion war je so nachsichtig mit ihren Gläubigen. In ihm hebt sich die Spannung zwischen Sein und Seinsollen auf. Er sagt zu seinen Verehrern: Ihr seid Götter; bleibt, wie ihr seid." (U. Eco: *Phänomenologie des Quizmasters (Mike Bongiorno)*. In: *Platon im Striptease-Lokal. Parodien und Travestien.* Hanser Verlag, München/Wien, 1990.

[26] Episode 1F12, *Lisa kontra Malibu Stacy*.

[27] In *Hochzeit auf Indisch* (5F04).

[28] Obwohl Homer dort schon seit Jahren als Nukleartechniker beschäftigt ist, ist er immer noch davon überzeugt, das richtige Wort sei „nukular" und nicht „nuklear"..

[29] Vgl. Anm. 24.

[30] M. MALASPINA: *La scienza dei Simpson (Die Wissenschaft der Simpsons)*, Mailand, Sironi, 2007.

[31] A. BROWN, C. LOGAN: *The Psychology of The Simpsons*, Dallas (Tx), Benbella Books, 2006.

[32] S. KESLOWITZ: *The Simpsons and Society: An Analysis of our Favourite Family and its Influence in Contemporary Society*, Tucson (Az), Hats Off Books, 2003.

[33] J. GRAY: *Watching with the Simpsons: Television, Parody and Intertextuality*, Florence (Ky), Routledge, 2005.

[34] P. A. CANTOR: *I Simpson: La famiglia nucleare e la politica atomistica*. In: W. IRWIN, M.T. CONARD, A. J. SKOBLE (Hrsg.) (vgl. Anm. 24), S. 181–200 [dieser Aufsatz fehlt in der deutschen Fassung, A. d. Ü.].

[35] Gemeint sind hiermit natürlich die Karikaturen des Prophets Mohammed, die am 30. September 2005 in der dänischen Tageszeitung „Jyllands-Posten" veröffentlicht wurden und heftige Proteste seitens der Muslime ausgelöst haben.

[36] P. A. CANTOR , s.o. (Anm. 34).

[37] Ich muss an dieser Stelle darauf hinweisen, dass in den USA bereits ein sehr erfolgreiches Buch veröffentlicht wurde, das sich mit dem „religiösen Leben der bekanntesten amerikanischen Zeichentrickfamilie" (so der Untertitel) befasst, welches jedoch in eine etwas andere Richtung geht als das vorliegende Buch: M. I. PINSKY: *The Gospel according to the Simpsons*, Louisville (Ky), Westminster John Knox Press, 2001. Außerdem möchte ich in diesem Zusammenhang noch einmal auf den Essay von G. BOWLER: *God and the Simpsons,* aufmerksam machen, der im „Journal of North American Religion", Ausgabe von 1996/97, erschienen ist.

[38] In der Episode 9F22, *Auf zum Zitronenbaum*, geht es um die Rivalitäten zwischen Springfield und der verfeindeten Nachbarstadt Shelbyville.

[39] Die Gründung der Stadt Springfield geht auf eine Gruppe von Pionieren, wahr-

scheinlich Puritaner aus Maryland, zurück, die 1796 ein neues Sodom gründen wollten (sie hatten eine Passage aus der Bibel falsch ausgelegt ...). Angeführt wurden die Siedler von Jebediah Springfield, der als Held des Unabhängigkeitskrieges gefeiert wurde und später der Stadt seinen Namen gab. In der Episode 3F13 (*Das geheime Bekenntnis*) findet Lisa heraus, dass Jebediah in Wahrheit Hans Sprugfield hieß und ein Pirat war, der, nach einem misslungenen Anschlag auf niemand Geringeren als George Washington, bei einer Gruppe naiver Pioniere Unterschlupf gefunden hatte. Die Pioniere hat er glauben gemacht, er habe einen gefährlichen Bison gezähmt, der in Wirklichkeit aber schon zahm war und den er nur angeschossen hatte. Bevor er an Diphterie starb, gelang es ihm außerdem, die Siedler davon zu überzeugen, dass er einen Bären mit bloßen Händen getötet hätte – dabei war es der Bär, der ihn um ein Haar ins Jenseits befördert hätte. Der „Knüppeltag", der am 10. Mai begangen wird, geht auf eine weitere angebliche Heldentat von Jebediah Springfield zurück: Er soll am 10. Mai 1775 zum ersten Mal eine Schlange erschlagen haben. Aber auch diese Geschichte stellt sich als eine Lüge heraus (Episode 9F18, *Das Schlangennest*).

[40] In Episode BABF11, *Der beste Missionar aller Zeiten*, nennt Homer Jesus „Jebus" und beweist damit, dass er selbst bei einem so berühmten Namen einen Fehler machen kann.

[41] In der dreiteiligen Weihnachtsfolge: *Simpsons Weihnachtsgeschichten* (HABF01).

[42] Episode 5F07, *Die Lieblings-Unglücksfamilie*, eine umgekehrte Weihnachtsgeschichte.

[43] Episode 5F20, *Ein jeder kriegt sein Fett*. Hier ist es Bart, der seinen Vater darauf aufmerksam macht, dass man nicht für eine Lüge beten darf, „wie schon Huck Finn gesagt hat" (die Hauptfigur aus dem berühmten Roman von Mark Twain).

[44] In der Episode *Bart kommt unter die Räder* (7F10). Der Teufel antwortet ihm daraufhin: „Dann erlaubst du wohl, dass ich mich vorstelle: Der ‚zum Teufel' ... das bin ich! Und du hast dir die ewige Verdammnis eingehandelt, Bart, für ein Leben voller böser Taten. Das Runterspucken war das i-Tüpfelchen!"

[45] Episode AABF06.

[46] Als Sideshow Mel die Simpsons mit einem „Man lebt nur einmal!" dazu auffordert, sich etwas Schönes von dem Geld, das die Nachbarn für sie gespendet haben, zu gönnen, antwortet Apu, der Hindu ist und an die Wiedergeburt glaubt: „Hey, das gilt nicht für mich!" Meiner Meinung nach ist das eine seiner lustigsten Bemerkungen! (In der bereits erwähnten Episode *Die Lieblings-Unglücksfamilie*.) [In Wahrheit geht dieser Gag in der deutschen Fassung leider verloren, da das Original *„Speak for yourself"* mit „Lasst euch was einfallen" übersetzt wurde. A. d. Ü.]

[47] In der Episode *Apu und Amor* (AABF11).

[48] Episode 2F32.

[49] Darüber hinaus sterben noch weitere mehr oder weniger wichtige Figuren: der Familienpsychologe Marvin Monroe, Beatrice Simmons (die Verlobte von Grandpa Simpson) und Frank „Grimy" Grimes, Homers penibler Arbeitskollege.

[50] In *Marge im Suff* (FABF10) behauptet er allerdings, Jude zu sein. Trotzdem wird er von der Firma Duff dazu gezwungen, sich auf dem Oktoberfest als Deutscher zu verkleiden.

[51] Das ist so nicht ganz richtig, denn in der Folge *Der Vater, der Sohn und der Heilige Gaststar* sagt er, seine Kirche gehöre zur „westlichen Auslegung des amerikanischen Reform-Presbylutheranismus" (*The Western Branch of American Reform Presbylutheranism*).

[52] Aufschlussreich sind auch die Aufschriften auf den Kirchenschildern. Zum einen: „Nächsten Sonntag: Das Wunder der Schamhaftigkeit." Und zum anderen: „Die Zuhörlady ist für Sie da."

[53] Ehrlich gesagt werden die ersten sieben gar nicht erwähnt ...

[54] Episode 7F13, *Das achte Gebot.*

[55] Episode 4F16, *Der tollste Hund der Welt.*

[56] Episode 1F20, *Ehegeheimnisse.*

[57] Zu sehen in Episode 4F18, *Marge als Seelsorgerin.*

[58] In *Der alte Mann und Lisa* (4F17).

[59] J.-M. Tillard: *Siamo gli ultimi cristiani? (Sind wir die letzten Christen?)*, Brescia, Queriniana, 1999.

[60] Ebd., S. 9.

[61] Ebd., S. 18.

[62] P. Naso: *God bless America. Le religioni degli americani (Gott segne Amerika. Die Religionen der Amerikaner)*, Rom, Editori Riuniti, 2002, S. 13.

[63] Hier beweist Marge hingegen eine Offenheit, die den Flanders und den Lovejoys fremd ist. Sie verteidigt die wunderbare Nacktheit von Michelangelos Kunstwerk sogar in der Nachrichtensendung von Kent Brockman, wo sie behauptet, die Statue habe nichts Verwerfliches oder Unmoralisches an sich. Indessen nutzt Helen Lovejoy die Gelegenheit, um wieder einmal ihren Standardappell an die Allgemeinheit zu richten: „Die Kinder! Kann nicht wenigstens einmal jemand an die Kinder denken?" (In der Episode *Das Fernsehen ist an allem schuld*).

[64] Episode 2F12, *Homie, der Clown.*

[65] In der Episode *Marge wird verhaftet* (9F20). Hier zeigt sich erneut die für Groening typische Selbstironie [Der Sender, der *Eine schrecklich nette Familie* ausstrahlt, ist nämlich „Fox", derselbe, der auch *Die Simpsons* ausstrahlt. A. d. Ü.].

[66] G. Erion, J. Zeccardi: *Marges moralische Motivation.* In: W. Irwin, M.T. Conard, A.J. Skoble (Hrsg.), (vgl. Anm. 24), S. 69–85.

[67] Anders als den anderen Kinder in ihrem Alter macht es den unzertrennlichen Brüdern Spaß, sonntags in die Kirche zu gehen, zu beten und „Barmherziger Samariter" zu spielen. All ihre Spiele haben etwas mit Religion zu tun, nur mit Würfeln dürfen sie nicht spielen, weil sie ein „Werkzeug des Teufels" sind. Natürlich sind sie davon überzeugt, dass „Lügen das Jesuskind zum Weinen bringen", und Todd wurde eines Abends damit bestraft (was sehr selten vorkommt), dass er nicht in der Bibel lesen durfte.

[68] Für eine umfassendere philosophische Interpretation dieser Episode (3F01) siehe Erion, Zeccardi (wie Anm. 66), S. 81. Ungefähr in die gleiche Richtung wie die Aussage von Reverend Lovejoy über Religionen geht auch Homers Antwort auf Barts Frage: „Welcher Religion gehörst du an?" – „Der mit den wohlgemeinten Ratschlägen, die im wirklichen Leben nicht ankommen! Ähm ... Ich meine das Christentum!" (In: *Homer auf Tournee*, Episode 3F21)

[69] Als „koscher" werden Speisen bezeichnet, die nach den jüdischen Speisegesetzen, die im Alten Testament beschrieben sind, zubereitet werden.

[70] Ned: „Reverend Lovejoy, wie soll ich sagen? Nach all dem, was uns heute widerfahren ist, komme ich mir fast vor wie Ijob." Lovejoy: „Unsinn! Finden Sie das nicht etwas zu melodramatisch, Ned? Außerdem glaube ich, dass Ijob Rechtshänder war." Ned: „Bitte Reverend, das muss ich wissen: Will Gott mich strafen?" Lovejoy: „Ähm ... kurze Antwort ‚Ja‘, mit einem ‚wenn‘, lange Antwort ‚Nein‘ mit einem ‚aber‘."

[71] ERION, ZECCARDI (wie Anm. 66), S. 82.

[72] Von der ist in der Bibel übrigens keine Spur zu finden, aber was soll's ...

[73] Als Flanders sein Linkshändrium schließen muss und er daraufhin völlig pleite ist, verkauft er in seiner Verzweiflung seine Bibel an Homer für sieben Cent: „In solchen Momenten habe ich früher in der Bibel Trost gefunden, aber nicht einmal die kann mir jetzt noch helfen!" (In: *Ein Fluch auf Flanders*, 7F23).

[74] Vgl. G. KEPEL: *Die Rache Gottes. Radikale Moslems, Christen und Juden auf dem Vormarsch*. München, Piper. 1991.

[75] R. RICHMOND, A. COFFMAN (Hrsg.): *Die Simpsons. Der ultimative Serienguide*. Stuttgart, Dino, 2001.

[76] Auch wenn nur am Rande, so möchte ich doch erwähnen, dass die *Simpsons* mittlerweile zum Symbol des schrittweisen Verlustes der elterlichen Autorität gegenüber ihren Kindern geworden sind. In einer italienischen Studie, die – ich schäme mich ein wenig, das zu sagen – in der Zeitschrift „Diva e Donna" (Diva und Frau) erschienen ist, wird der familiäre, inzwischen äußerst informelle zwischenmenschliche Umgang, der sich in den letzten Jahren durchgesetzt hat, als „Homer Simpson-Effekt" definiert. Untersuchungen und Meinungsumfragen des Axe Effect Trend Labs zufolge, das von der Unilever-Gruppe damit beauftragt wurde, das Verhalten, die Meinungen und Trends der italienischen Jugendlichen zu untersuchen, rufen ca. 21 % der befragten Jugendlichen ihren Vater beim Vornamen, 11 % benutzen Spitznamen (wie z. B. Paps, Alter etc.), während 34 % ihre Eltern mit einem klassischen „Mama" oder „Papa" ansprechen. Die Studie wurde in Rom und Mailand mit insgesamt 750 zufällig ausgewählten männlichen Schülern im Alter zwischen 14 und 18 Jahren durchgeführt. Und wer eignet sich besser, um die Ergebnisse dieser Studie zu stützen (und gleichzeitig die Aufmerksamkeit der Medien auf sich zu ziehen), als Bart Simpson, der seinen Vater einfach nur Homer nennt? Experten, die sich zu dieser Studie geäußert haben, halten diese Tendenz für „besorgniserregend". Den Vater beim Vornamen zu rufen sei ein schlimmer Fehler in der Erziehung, da die Jungen dadurch eine „gleichrangige" Beziehung zu dem Menschen aufbauen, der eigentlich eine Autoritätsperson darstellen sollte, an der sie sich in der Phase des Heranwachsens orientieren können.

[77] Einige bibliographische Hinweise: Zunächst ein Klassiker von A. MITSCHERLICH: *Auf dem Weg zur vaterlosen Gesellschaft. Ideen zur Sozialpsychologie*. München, Piper, 1971. Und dann noch ein aktuelleres Buch des Psychoanalytikers L. ZOJA: *Das Verschwinden der Väter*. Düsseldorf, Walter Verlag, 2002.

[78] „Wir vertrauen auf Gott."

[79] J. BAGGINI: *Atheism: A Very Short Introduction*. Oxford, Oxford University Press, 2003.

[80] http://news.bbc.co.uk/go/pr/fr/-/2/hi/uk_news/magazine/4995624.stm.

[81] Homer wird noch eine zweite Begegnung mit dem Gott Ganesha (oder Ga-

nesh) haben, und zwar, als er einen Elefantenkopf aufsetzt, um Apus Hochzeit mit seiner nach indischer Tradition versprochenen Braut Manjula zu verhindern.

[82] F. SOTTOCORNOLA: „Erziehung zum interreligiösen Dialog – eine dringende Aufgabe". In: „*Concilium*", Nr. 4 (2002), S. 465.

[83] G. GUTIERREZ: *Un nuovo tempo della teologia della liberazione*. In: „Il Regno – Attualità", Nr. 10 (1997), S. 298–315.

[84] „Ohne unsere Verschiedenheiten als Christen und Muslime zu übergehen oder herunterzuspielen, können und sollten wir daher auch auf das schauen, was uns eint, nämlich auf den Glauben an den einen Gott, den vorausschauenden Schöpfer und universalen Richter, der am Ende der Zeiten jeden Menschen so behandeln wird, wie es seine Taten verdienen. Wir sind alle dazu aufgerufen, uns ganz in seinen Dienst zu stellen und seinem heiligen Willen zu gehorchen": so lautet eine zentrale Passage aus der Antwort des Vatikans auf den offenen Brief, mit dem sich 138 muslimische Gelehrte und Muftis aus der ganzen Welt an Benedikt XVI. und an alle Oberhäupter der christlichen Kirchen wandten und sie dazu aufforderten, sich gemeinsam für den Frieden auf der Welt einzusetzen. Der Text, der von Kardinalstaatssekretär Tarcisio Bertone im Namen von Benedikt XVI. unterzeichnet wurde, wurde am 29. November vom Presseamt des Heiligen Stuhls veröffentlicht (auch wenn er, laut Datum, bereits am 19. November verfasst wurde) und stellt ohne Zweifel ein ermutigendes Zeichen auf diesem höchst verworrenen und kontroversen Gebiet dar (ganz besonders aufgrund der Ereignisse der letzten Jahre).

[85] F. SOTTOCORNOLA (wie Anm. 82), 467f.

[86] Um diesbezüglich den gefährlichen Mythos einer einzigen Identität zu demontieren, erachte ich das kürzlich veröffentlichte Buch des Nobelpreisträgers für Wirtschaftswissenschaften, Amartya Sen (*Die Identitätsfalle*, München, Beck, 2007), als sehr hilfreich.

[87] Vgl. H. KÜNG: *Projekt Weltethos*, München, Piper, 1991.

[88] R. PANIKKAR: *The Unavoidable Dialogue. The Encounter of Religions*. Chengdu, Sichuan, 2008.

[89] Ich hoffe, es wird mir nicht nicht als Mangel an Bescheidenheit ausgelegt, wenn ich für eine ausführlichere Darstellung der in diesem Kapitel angesprochenen Themen auf zwei meiner Bücher verweise: *Educare al pluralismo religioso. Bradford chiama Italia*. Bologna, EMI, 2006. Und *Vocabolario minimo del dialogo interreligioso*. Bologna, EDB, 2008.

[90] Für eine Gegenüberstellung ist das Buch des Laientheologen Vito MANCUSO: *Ľanima e il suo destino (Die Seele und ihr Schicksal)*, Milano, Raffaello Cortina, 2007 zu empfehlen. Das Buch hat großes Aufsehen erregt und aufgrund der tiefgründigen Behandlung seiner kühnen Thesen breite Zustimmung gefunden. Und so erklärt Mancuso seine Auseinandersetzung mit diesem Thema, die in ihrer Art gewiss einzigartig ist: „Ich verfolge mit meiner Arbeit das Ziel, die Seele als Konzept einzuführen und ihrer Unsterblichkeit Plausibilität zu verleihen. Die Gründung dieses Konzepts geschieht vor dem Hintergrund eines Laien-Bewusstseins, also der Dimension des Bewusstseins, die jeder Mensch besitzt und die Wahrheit an sich sucht. Der Leser bekommt die Möglichkeit, das Konzept der persönlichen Existenz nach dem Tod rational zu durchdenken, das somit dem Fideismus, dem es heute unterworfen ist, entrissen wird." Mit dem Thema „Seele" hatte sich Man-

cuso übrigens bereits in seinem Werk *Per amore (Aus Liebe)* (Milano, Mondadori, 2005, S. 214–263) auseinandergesetzt.

[91] Episode 7G07, *Bart köpft Oberhaupt.*

[92] *In-A-Gadda-Da-Vida* ist der Name eines Albums der *Acid Rock*-Band Iron Butterfly aus dem Jahre 1968. Anscheinend soll der Sänger der Band, Doug Ingle, während eines Konzerts die Bühne völlig betrunken betreten und das Lied *In the Garden of Eden* in das Mikrofon gelallt haben. Was dabei herauskam, war eben *In-A-Gadda-Da-Vida* ... Ein wahrer Teufelskerl, dieser Matt!

[93] S. GORLA, P. GUIDUCCI: *Presentazione.* In: Dies. (Hrsg.), *(wie Anm. 23)*, S. 8.

[94] Vgl. B. SALVARANI: *La Spiritualità dei non credenti. Intervista a Enzo Bianchi (Die Spiritualität der Nicht-Gläubigen. Interview mit Enzo Bianchi).* In: „Jesus", Nr. 5 (2007), S. 62.

[95] Auch die beiden ältesten Kinder haben nach ihm gesucht. Als das Leuchtturmlicht Homers Silhouette wie das Batman-Signal erscheinen lässt, sagt Bart: „Hey, sieh mal! Ist das Dad?" Worauf Lisa nüchtern antwortet: „Ja, oder Batman achtet nicht mehr auf seine Figur."

[96] F. BATTIATO, F. PULCINI: *Franco Battiato. Tecnica mista su tappeto (Franco Battiato: Live Action auf dem Teppich)* Torino, EDT, 1992, S. 36.

[97] P. JENKINS: *Die Zukunft des Christentums. Eine Analyse der weltweiten Entwicklung im 21. Jahrhundert.* Brunnen-Verlag, Gießen, 2006.

[98] S. P. HUNTINGTON: *Kampf der Kulturen. Die Neugestaltung der Weltpolitik im 21. Jahrhundert.* München, Btb, 1998.

[99] M. AUGÉ: *Orte und Nicht-Orte. Vorüberlegungen zu einer Ethnologie der Einsamkeit,* Frankfurt/M., S. Fischer, 1994.

[100] Besonders gelungen finde ich eine kurze Szene, in der ein ziemlich deprimierter und verstört wirkender Jesus auf einer Kinderschaukel gezeigt wird.

[101] Vgl. hierzu A. MONDA: *Arriva l'apocalisse. Istruzioni der la fine del mondo (Die Apokalypse steht bevor. Anweisungen für das Ende der Welt).* In: „La Repubblica", 16. Februar 2008, S. 53. Ich möchte auch auf den Aufsatz von Umberto Eco hinweisen, der bereits vor einigen Jahren in folgendem Band veröffentlicht wurde: U. ECO: *L'ossessione laica della nuova apocalisse.* In: C. M. MARTINI, U. ECO: *Woran glaubt, wer nicht glaubt?* Zürich, Zsolnay, 1998.

[102] In der Episode *Der Wettkampf* (7F08) muss Bart gegen Todd Flanders im Minigolf-Turnier antreten. Lisa empfiehlt ihm, einige Bücher zu lesen, darunter eines, das sie als „das wichtigste Buch von allen" bezeichnet: *„Das Tao Te Ching* von Lao Tzu".

[103] SpongeBob Schwammkopf ist eine Zeichentrickserie, die von SuperRTL und Nickelodeon ausgestrahlt wird. SpongeBob ist ein kleiner Schwamm, der in Bikini Bottom lebt, einer Unterwasserstadt im Pazifischen Ozean, die von allen möglichen Fischen, Krustentieren und sonstigen Meerestieren bewohnt ist. Ich möchte noch darauf hinweisen, dass Lisa an anderer Stelle ganz offen zu ihrem Bruder sagt: „Ich bin keine Theologin. Ich weiß nicht mal genau, wer oder was Gott ist. Ich weiß nur, ER ist stärker als Mum und Dad zusammen ..." (Episode 7F03, *Der Musterschüler*)

[104] Siehe auch P. BERGER: *Erlösender Glaube? Fragen an das Christentum.* Berlin, Walter de Gruyter, 2006.

[105] P. BERGER: *Auf den Spuren der Engel.* Freiburg i. B., Herder, 2001.

[106] Ich bin mir der Tatsache bewusst, dass der Begriff *Sekte* problematisch ist, aber ich verwende ihn dennoch, da er auch im Originaltitel (The Joy Of Sect) gebraucht wird. Und das aus gutem Grund, wie wir bald feststellen werden ...

[107] Z. BAUMAN: *Gemeinschaften. Auf der Suche nach Sicherheit in einer bedrohlichen Welt*. Frankfurt/M., Suhrkamp, 2009.

[108] Vgl. hierzu den Klassiker von N. FRYE: *Der große Code. Die Bibel und Literatur*. Anif/Salzburg, Müller-Speiser, 2007.

[109] Ich möchte (wenigstens in einer Fußnote) eine weitere Episode erwähnen, die ebenfalls von einer biblischen Geschichte inspiriert wurde: *Karriere mit Köpfchen* (7F02) [Der Originaltitel lautet: *Simpson and Delilah*, A. d. Ü.]. (Vgl. dazu die Geschichte von Simson und Delila, die im Buch der Richter, Kapitel 16, erzählt wird.) Homer erfährt von einem neuen Haarwuchsmittel. Da dieses „Wundermittel" eintausend Dollar kostet, scheint sein Traum von einer vollen Haarpracht sehr bald geplatzt. Sein Arbeitskollege Lenny überredet ihn, die Krankenversicherung zu betrügen und die Firma für das Mittel bezahlen zu lassen. So kommt Homer in den Besitz der Haarkur und nach nur einer Anwendung kommt auf seinem Haupt volles, dichtes Haar zum Vorschein. Marge findet den neuen Look ihres Mannes sehr attraktiv und sogar Burns hält ihn für einen dynamischen jungen Mann und befördert ihn zur Nachwuchsführungskraft. Homer stellt einen Assistenten ein, Karl, mit dessen Hilfe er es schafft, Mr. Burns zu beeindrucken und sich *den Schlüssel* (für die Cheftoilette) zu verdienen. Smithers, Mr. Burns' persönlicher Sklave, wird daraufhin sehr eifersüchtig, durchsucht Homers Akte und deckt den Betrug auf.
Um Homer vor einem Rauswurf zu bewahren, nimmt Karl die Schuld auf sich und wird daraufhin selbst gekündigt. Bart lässt aus Versehen die Flasche mit Homers Wunder-Haarwuchsmittel fallen, die bis zum letzten Tropfen ausläuft, so dass Homer wieder zu seinem alten Leben (und seinem alten aussichtslosen Job) als apathischer Kahlkopf zurückkehrt. Er fürchtet auch um die Zuneigung seiner Familie und die Liebe seiner Frau, aber Marge versichert ihm, dass ihre Liebe zu ihm bomben- und glatzensicher sei!

[110] www.biblia.org; Info: biblia@dada.it

[111] In *Keine Experimente*, Episode 9F14.

[112] Vorausgesetzt, man versteht unter *beten* nicht bloß das Aufsagen traditioneller Formeln oder die Teilnahme an festen liturgischen Ritualen, ist es alles andere als einfach. Ich verweise diesbezüglich auf das schöne Buch des evangelischen Pfarrers JÖRG ZINK: *Wie wir beten können* (Stuttgart, Kreuz Verlag, 2008). Der Autor führt den Leser in eine andere Form des Gebets ein: das Sich-Hineinbegeben in die Anwesenheit Gottes unter Miteinbeziehung unserer gesamten Existenz mit all dem, was unser konkretes Leben hier und jetzt ausmacht; das ständige Ringen um die richtigen Entscheidungen und den Umgang mit oft erschütternden Schicksalsschlägen, die das Leben für uns bereithält. Zinks Ausführungen sind eine regelrechte „Gebetsschule", ein geistlicher Weg, um über die Grenzen der Konfessionen hinweg zu schauen und Schritt für Schritt die Anwesenheit Gottes in unserem Leben und in der Welt neu zu entdecken. Eine Welt, deren Hoffnungen und Leiden wir miteinander teilen.

[113] G. WARD, *True Religion*, Boston, Blackwell Publishers, 2002.

[114] Zit. nach: G. MICHELONE: *I Simpson tra famiglia ...* (wie Anm. 23), S. 124. Raf-

faelli war übrigens zusammen mit Francesco Artibani von 1998–2000 der erste Herausgeber der italienschen Comicausgabe der *Simpsons* im Verlag Macchia Nera.

[115] Die Waltons sind eine der reichsten Familien der Welt und Besitzer der Supermarktkette Wal-Mart, des weltweit größten Einzelhandelskonzerns. Die Mitglieder der Familie Walton kontrollieren ca. 39 % des Unternehmens, und bis zum Jahr 2001 erschienen sie im Forbes Magazine regelmäßig auf der Liste der zehn reichsten Menschen der Welt. Seit 2001 sind sie abgestiegen und belegen heute einen Platz um Platz zwanzig herum. Es scheint mir in diesem Zusammenhang meine Pflicht zu sein, darauf hinzuweisen, dass der venezolanische Präsident Hugo Chávez die gelbe Familie kürzlich zensiert hat. Im April 2008 hat die Comisión Nacional de Telecomunicaciones (Conatel) gegen den privaten Fernsehsender Televen ein Sanktionsverfahren eingeleitet und angeordnet, der Sender solle die Serie, die täglich um 11:00 Uhr ausgestrahlt wurde, aus dem Programm nehmen, „weil sie gegen die Schutzbestimmungen für Kinder und Jugendliche verstößt". Die Medien berichten, dass der Sender dieser Aufforderung sofort Folge geleistet hat und *Die Simpsons* durch *Baywatch* ersetzt hat, mit der äußerst aufreizenden Rettungsschwimmerin Pamela Anderson, die offensichtlich „nicht gegen die ... etc. etc." (G. A. ORIGHI, *Niente Simpson per i nostri bambini* [*Keine Simpsons für unsere Kinder*], in: „La Stampa", 10. April 2008, S. 14). Ein seltsamer Zug von Chávez, weil eigentlich alles darauf hindeutete, dass der sozialistische Präsident der Bolivarischen Republik Venezuela ein eingefleischter Fan von Homer & Co. sei, und ganz besonders vom rebellischen Bart. Außerdem habe der Sender Televen laut dem Programmdirektor „niemals eine Beschwerde über *Die Simpsons* erhalten ... darüber hinaus sind Zeichentrickfilme bei den Zuschauern immer gut angekommen." Aber was soll's ...

[116] B. MAIO, *La narrazione ne* I Simpson (*Erzähltechnik in* Die Simpsons) In: C. PEPERONI (Hrsg.), *I Simpson. Il ventre onnivoro della TV postmoderna* (*Die Simpsons. Der alles fressende Schlund des postmodernen Fernsehens*). Rom, Bulzoni, 2007, S. 49.

[117] Ich beziehe mich hier besonders auf den Satz, den Homer sagt, als sein Vater (wir haben es bereits gesagt), von göttlichem Licht erfüllt, in der Kirche plötzlich beginnt, prophetisch zu reden und das Ende der Welt voraussagt. Der verzweifelte Homer sucht Hilfe in der Bibel und ruft schließlich: „Dieses Buch liefert keine Antworten!"

[118] „In jeder Episode wird der Hausfrieden nach zahlreichen ‚dramatischen' Ereignissen, die ihn in seinen Grundfesten zu erschüttern scheinen, doch immer wieder hergestellt. Und zwar nicht nur, weil man dem unerbittlichen Ruf: ‚The Show must go on' folgen muss, sondern vor allem, weil die Gefühle der Charaktere authentisch sind. Das Zuhause ist also der einzige Zufluchtsort, in dem Dialog, Austausch, Demokratie, Freude, Wünsche und Gelassenheit einen festen Platz haben." (G. MICHELONE, *I Simpson tra famiglia ... (wie Anm. 23)*, S. 122).

[119] Ein ähnliches Gebet hatte Homer bereits in der Folge *Bart bleibt hart* (7F07) gesprochen, allerdings ging er da etwas mehr ins Detail und schaffte es tatsächlich, sich selbst noch mehr zu widersprechen. Ich finde, es lohnt sich, dieses Gebet in voller Länge wiederzugeben: „Oh Herr, als Erstes möchten wir dir für die Atomkraft danken, die sauberste und sicherste Energiequelle, die es gibt – abgese-

hen von der Sonnenenergie, aber die zählt nicht. Ebenso danken wir dir für die gelegentlichen Augenblicke des Friedens und der Liebe in unserer Familie. Naja ...heute nicht. Du hast ja gesehen, was los war! Oh, Herr! Sag mal ehrlich: Sind wir die lächerlichste Familie, die du geschaffen hast, oder was?! Amen."

[120] Episode 8F04, *Der Ernstfall*.

[121] In *Apu und Amor* (AABF11).

[122] In derselben Episode.

[123] Eine Zeile aus dem Lied *Smisurata Preghiera* (*Maßloses Gebet*) aus dem Album *Anime salve*, das im Jahr 1996 erschienen ist.

[124] Episode 1F12, *Lisa kontra Malibu Stacy*.

[125] Frei adaptiert nach A. Oz, *Wie man Fanatiker kuriert (wie Anm. 13)*, S. 18f.